Donizetti: Lucrezia Borgia

Opera en Prologo y Dos Actos

Traducción al Español y Comentarios
por E. Enrique Prado

Libreto de
Felice Romani

Jugum Press

ISBN-13: 978-1-939423-45-0

ISBN-10: 1-939423-45-7

Estudio de Compositor Gaetano Donizetti de Wikimedia Commons
https://commons.wikimedia.org/wiki/File%3AGaetano_Donizetti_2.jpg
Por grabado, artista no identificado (firma ilegible) - (colección privada)
Imagen de portada por Bartolomeo Veneto de Wikimedia Commons
https://upload.wikimedia.org/wikipedia/commons/8/8d/Lucrezia_Borgia.jpg
(en el dominio público en los Estados Unidos y otros países)

Impreso en los Estados Unidos de América
Publicado por Jugum Press
www.jugumpress.com

Edición y diseño:
Annie Pearson, Jugum Press
Consultas y correspondencia:
jugumpress@outlook.com

Índice

Prefacio ಬ Lucrezia Borgia

Lucrecia Borgia es una ópera seria que consta de un prólogo y dos actos escrita por Gaetano Donizetti (1797-1848) sobre un libreto de Felice Romani, que está inspirado en la obra del mismo nombre escrita por Victor Hugo.

La ópera se estrenó en La Scala de Milán el 26 de Diciembre de 1833. El estreno en Londres fue en Her Majesty's Theater el 6 de Enero de 1839 y en U. S. A en Nueva Orleans en 1843.

Lucrezia Borgia representa el bel canto operático en su más alto desarrollo y además de ser una de las mejores obras de Donizetti en lo que se refiere a calidad musicales una obra saturada de auténtica emoción.

Los hechos históricos en ésta obra están simplificados y aun distorsionados en aras de su dramatismo y debido a que la ficción es menos extraña que la realidad es muchas veces más creíble.

El controversial carácter de Lucrecia aun constituye un enigma y aun cuando el pensamiento actual tiende a blanquear y a justificar sus crímenes; nadie duda de su profundo amor maternal que constituyó la base para que Donizetti y Romani escribieran ésta obre.

En la premier de *Lucrezia Borgia* actuó un elenco de primer orden, sin embargo el público la recibió con bastante frialdad y cuando se presentó en Paris en el Theatre Italien el 27 de Octubre de 1840, Victor Hugo inició un juicio y lo ganó para retirar su permiso para que se siguiera presentando su obra en forma operística y la única manera en que podría seguirse presentando seria cambiando el lugar, el vestuario y el periodo.

Entonces *Lucrezia* se convirtió en "La Rinnegata" que tenía lugar en Turquía; des púes debido a la censura política se llamó: Alfonso, Duque de Ferrara, Eustorgia da Romano, Nizza di Grenata, Giovanna I di Napoli, y Elisa da Fosco; la mayor razón para la censura fue la relación entre Lucrecia con su padre, el papa Alejandro VI.

Donizetti desde la premier, introdujo una modificación en el acomodo de la orquesta que desde entonces se ha mantenido; las cuerdas que se encontraban repartidas entre los otros instrumentos fueron agrupadas al centro, cerca de Donizetti, quien asistido por el primer violinista dirigió la ejecución de la obra.

Traducción y comentarios por
E. Enrique Prado Alcalá
Tepoztlán, Agosto de 1998

Sinopsis ಬ Lucrezia Borgia

PROLOGO

La terraza del Palacio Grimani en Venecia.

Don Apóstalo Gazella, Jeppo Liverotto, Ascanio Petrucci, Oloferno Vitellozzo y Gubetta están en una fastuosa fiesta con Maffio Orsini y Gennaro. Estos dos jóvenes al día siguiente saldrán a Ferrara a una misión con el Duque Don Alfonso de Este, cuarto esposo de Lucrecia Borgia. Orsini, un noble a cuyo hermano envenenó Lucrecia. Habla de su odio por la familia Borgia; Gennaro no se interesa en la sangrienta plática y se acuesta en un sofá mientras los demás se retiran al baile en otra parte del palacio. Una misteriosa mujer enmascarada aparece en una góndola, despide a su sirviente y se aproxima a Gennaro que duerme profundamente.

Gennaro ignora que su madre es Lucrecia Borgia, lo tuvo en un matrimonio previo y ella le ha ocultado su existencia a todos incluyendo a su actual esposo. Ella admira la belleza del joven y se quita la máscara, canta una plegaria por él; al mismo tiempo ella es espiada por el Duque y por Rustighello. Gennaro despierta y advierte la belleza de la visitante y como caballero que es inicia el cortejo sobre ella y le cuenta de sus primeros años en que fue criado por un pescador. Pero cuando él expresa su amor por ella, él le confiesa el gran amor que siente por su madre a quien nunca ha visto. Lucrecia le aconseja que siempre ame a su madre y que ruegue al cielo por ella. Los amigos de Gennaro súbitamente interrumpen la escena, Lucrecia se apresura a colocarse la máscara y está a punto de retirarse cuando Orsini la reconoce. Ella denuncia abiertamente y los otros se le aproximan y la reverencian burlonamente, acusándola de asesinar a hermanos, tíos y sobrinos.

Juntos la denuncian como una ramera asesina. Gennaro está a punto de defender el honor de la dama, cuando Orsini arranca la máscara de la dama y revela a la temible Lucrecia Borgia. Gennaro se retira horrorizado y Lucrecia jura vengarse de todos, menos de su hijo.

ACTO PRIMERO

Escena 1. Una plaza en ferrara.

Don Alfonso se entera atreves de Rustighello, que Lucrecia ha estado visitando secretamente a Gennaro y de hecho, Gennaro vive en una casa vecina al palacio del Duque. Sin saber que el joven es hijo de ella, el Duque jura vengarse de su supuesto rival.

Gennaro regresa ya tarde a su casa después de una fiesta y se despide de sus amigos quienes se burlan de él por estar enamorado de la infame Lucrecia, entonces para demostrarles que eso no es verdad, los lleva hasta la puerta del palacio del Duque en donde está fijo un escudo heráldico con el nombre Borgia, en letras resaltadas y con su puñal golpea y desprende la B quedando entonces escrita la palabra Orgia, lo que causa la algarabía de todos. Cuando los amigos se retiran, aparece Rustighello y está a pun to de arrestar a Gennaro, cuando descubre a Astolfo, que está acechando frente a la casa.

Astolfo busca a Gennaro para llevarlo ante Lucrecia y Rustighello para apresarlo y llevarlo ante el Duque. Rustighello ordena a sus guardias rodear a Astolfo y entrar a la casa para arrestar a Gennaro.

Escena 2. Una habitación en el Palacio Ducal.

Rustighello informa al Duque que Gennaro se encuentra preso dentro del palacio. Lucrecia se encuentra furiosa ante el insulto al nombre de los Borgia ignorante de quién fue el autor y exige el inmediato castigo para el o los responsables.

El Duque le jura a Lucrecia, que el culpable morirá antes de que el día termine. Gennaro es traído a su presencia y Lucrecia se horroriza cuando se da cuenta de que él es el ofensor. Con mucho temor a que se descubra su relación con Gennaro, Lucrecia ruega que se perdone al ofensor, pero el Duque está decidido a castigar a quien ha profanado el apellido Borgia.

Después de que Gennaro ha sido retirado para preparar su ejecución, el Duque pregunta a Lucrecia cómo quiere que muera; por medio de la espada o por medio del veneno. Ella contesta que tomará una decisión más tarde.

El prisionero es traído de nuevo y el Duque le informa que en respuesta a los deseos de Lucrecia, ha decidido perdonarlo y lo invita a tomar una copa antes de que se retire.

Dos botellas están listas, una plateada y una dorada. De una, el Duque y la Duquesa son servidos, la otra contiene el vino mortal de los Borgia, de ésta Lucrecia hace servir una copa a Gennaro y ella misma se la da, él la acepta e ingiere todo su contenido. El Duque satisfecho, sale sonriente de la habitación ya que quién bebe el vino de los Borgia, muy pronto dejará de ser un problema. Sin embargo, Lucrecia posee un antídoto conocido solo por ella. La Duquesa hace a Gennaro tomar el antídoto y lo ayuda a escapar atreves de una puerta secreta.

ACTO SEGUNDO

Escena 1. Explanada frente a la casa de Gennaro.

Los guardias del Duque y de Rustighello descubren que Gennaro aún se encuentra en Ferrara y declaran que ahora si el Duque podrá vengarse de su rival. Orsini llega ante Gennaro y trata de convencerlo de que el que Lucrecia lo haya salvado de morir, es un truco para ganar su gratitud y hacerlo su esclavo para siempre.

Rustighello y los guardias regresan y se dan cuenta de que Gennaro está a punto de ir a visitar a la Princesa Negroni una amiga muy cercana a los Borgia. Ellos comentan que allí Gennaro podrá ser detenido para ser castigado.

Escena 2. La sala de banquetes ea el Palacio Negroni.

Lucrecia no se ha olvidado del trato que le dieron en Venecia los amigos de Gennaro y desde entonces ha estado preparando su venganza. A la media noche estos enemigos que son cinco están presentes al igual que Gennaro que ha acompañado a su amigo Orsini. Pero la obsesionada Lucrecia ignora que su hijo está presente.

Una botella de Vino de Siracusa es enviada especialmente a Gennaro y a sus amigos; por supuesto es el vino de los Borgia, el vino de la muerte.

Orsini canta la canción del brindis, que habla de solo vivir el momento. El coro que lo acompañase calla ante el teñir a duelo de una campana cuando Orsini comienza a cantar el segundo verso, las lámparas empiezan a disminuir su luminosidad. Se abren las grandes puertas del salón de banquetes se abren y permiten la vista a un gran departamento con cortinas negras y alumbrada con antorchas invertidas que hablan de muerte. Una procesión de monjes vestidos de negro avanza lentamente entonando un salmo de muerte.

Los asistentes tratan de escapar pero todas las puertas están cerradas con llave. En éste ambiente hace su entrada Lucrecia con una sonrisa de triunfo y saluda a sus víctimas diciendo: Miren me, soy yola Borgia! en Venecia me entretuvieron muy bien y ahora en Ferrara os devuelvo su gentileza. Confió en que el vino Borgia sea de su agrado. A una señal de ella, los monjes que cuidan la c. á mara secreta la abren y dejan ver cinco ataúdes colocados sobre una plataforma. Ella irónicamente se los ofrece como camas para dormir. Lucrecia no se dio cuenta de la presencia de Gennaro en el banquete y entonces él le hace notar que solo hay cinco féretros no uno para cada uno.

Con un grito de horror la malvada mujer ordena a los monjes que se lleven a las víctimas mientras ella permanece sola con el moribundo Gennaro. Ella le pide que tome unas gotas del antídoto que le ofrece, pero él se niega ahora que sus amigos han muerto. Furioso Gennaro toma una daga y está a punto de librar al mundo de la monstruosa mujer, cuando ella le revele el terrible secreto: "Tú no puedes matar a una Borgia y menos cuando ella es tu madre". Con ésta revelación, todos los horrores del pasa do parecen olvidarse y Gennaro encuentra consuelo al morir en los brazos de su madre que también cae muerta a su lado.

FIN

Reparto ❧ Lucrezia Borgia

ALFONSO D'ESTE, Duque de Ferrara — Barítono
LUCRECIA BORGIA — Soprano
MAFFIO ORSINI — Contralto
GENNARO, noble de la República de Venecia — Tenor
LIVEROTTO, noble de la República de Venecia — Tenor
VITELLOZZO, noble de la República de Venecia — Bajo
GAZELLA, noble de la República de Venecia — Bajo
RUSTIGHELLO, al servicio de Don Alfonso — Tenor
GUBETTA, al servicio de Lucrecia — Bajo
ASTOLFO, al servicio de Lucrecia — Bajo
Caballeros, oficiales, nobles y damas de Venecia.

Época: Siglo XVI
Lugar: Venecia y Ferrara

Libreto ॐ Lucrezia Borgia

Prolog

La terraza del Palacio Grimani en Venecia.
Es de noche y una fiesta está en curso. El palacio está espléndidamentre iluminado.
Al fondo corre el Canal Giudecca por donde cruzan algunas gondolas.
A la distancia Venecia a la luz de la luna.
De tiempo en tiempo, damas y caballeros elegantemente atavía dos,
van y vienen llevándo máscaras en la mano.
Otras personas enmasacaradas, platican entre si.

Gennaro, Orsini, Gazella, Petrucci, Vitellozzo, Liverotto y Gubetta entran platicando y riendo.

GAZELLA
Bella Venezia.

1.   Bella Venecia.

PETRUCCI
Amabile!

2.   ¡Deliciosa!

PETRUCCI, GAZELLA
D'ogni piacer soggiorno!

3.   ¡Es el lugar de todos los placeres!

ORSINI
Men di sue notti è limpido
d'ogn'altro cielo il giorno.

4.   El cielo en el día en otras partes
     es menos brillante que en las noches aquí.

LIVEROTTO, VITELLOZZO, PETRUCCI, GAZELLA
Bella Venezia!
Amabile!

5.
     ¡Bella Venecia!
     ¡Deliciosa!

ORSINI
Amabile!

6.   ¡Deliciosa!

ORSINI Y LOS OTROS
Men di sue notti è limpido
d'ogn'altro cielo il giorno.
E l'orator Grimani
noi seguire domani!
Tali avremo mai tali delizie
in riva al Po?

7. El cielo en el día en otras partes
    es menos brillante que las noches aquí.
    ¡Mañana seguiremos
    al orado Grimani!
    ¿Alguna vez encontraremos tales
    delicias en las riveras del rio Po?

GUBETTA
Le avremo.
D'Alfonso è splendida,
lieta la corte assai
Lucrecia Borgia...

8. Las tendremos.
    La corte de Alfonso,
    es espléndida y alegre.
    Lucrecia Borgia...

ORSINI Y OTROS
Acquetati. Non la nomar giammai.

9. Cállate, jamás la menciones.

VITELLOZZO
Nome esecrato è questo.

10. Es un nombre aborrecido.

LIVEROTTO
La Borgia! Io la detesto.

11. ¡La Borgia! Yo la detesto.

TODOS
Chi le sue colpe intendere
e non odiarla può?

12. ¿Quién que conozca sus pecados
    no va a odiarla?

ORSINI
Io più di tutti. Uditemi.
Un veglio, un indovino.

13. Yo más que todos. Escuchen.
    Un viejo, un vidente.

GENNARO
Novellator perpetuo
esser vuoi dunque, Orsino?

14. ¿Novelero perpetuo
    eres tu Orsini?

LIVEROTTO Y LOS OTROS
Taci.

15. Callen.

GENNARO
Lascia la Borgia in pace;
udir di lei mi spiace.

16. Dejen a la Borgia en paz;
    no me gusta oír de ella.

LOS OTROS
Taci, non l'interrompere
Breve il suo dir dirà.

17. Calla, no lo interrumpas
    Breve su dicho será.

GENNARO
Io dormirò.
Destatemi quando finito avrà.

18. Yo me dormiré.
    Despiértenme cuando haya terminado.

El se acuesta en un banco de mármol.

ORSINI

Uditemi;
Nella fatale di Rimini
e memorabile guerra,
ferito e quasi esanime
io mi giaceva a terra,
Gennaro a me soccorse,
il suo destrier mi porse,
e in solitario bosco
mi trasse e mi salvo.

LOS OTROS

La sua virtù conosco
la sua pieta de io so.

ORSINI

Là nella notte tacita,
lena pigliando e speme
giurammo insieme di vivere,
e di morire insieme.
"E insieme morrete," allora
voce gridò sonora.
E un veglio in veste nera,
gigante a noi s'offri.

LOS OTROS

Cielo!

ORSINI

"Fuggite i Borgia o giovani"
ei prosegui più forte.

LOS OTROS

Qual mago egl'era...

ORSINI

Odio alla rea Lucrezia,
dov'è Lucrecia è morte.

LOS OTROS

... Per profetar cosi?

ORSINI

̇o ciò detto;
̇in suono di lamento
̇'io detesto

19. Escúchenme;
En la fatal y memorable
guerra de Rimini,
herido y casi exánime
yo caí a tierra,
Gennaro me socorrió
él me puso en su caballo,
y a un bosque solitario
me llevó y me salvó.

20. Conozco su virtud
conozco su nobleza.

21. Allá en la quieta noche,
recobrando mi respiración y mi
esperanza, juramos que viviríamos
y moriríamos juntos.
Y "juntos morirán"
gritó una voz sonora,
y un viejo en negra vestimenta,
un gigante, emergió frente a nos.

22. ¡Cielos!

23. "Huid de los Borgia, jóvenes"
el continuó en voz más fuerte.

24. Qué mago era...

25. Odio a la maldita Lucrecia
en donde esté Lucrecia está la muerte.

26. ... ¿Para profetizar así?

27. Habiendo dicho esto, desapareció
y el viento como un lamento
el nombre que yo detesto
tres veces repitió.

LOS OTROS
Rio vaticinio è questo
ma fé puoi dargli? No, no,
fede puoi dargli? No, no.

ENMASCARADOS
Sentila, danza incitaci.
Bando, bando a si triste immagini;
passiamo la notte in gioia.
Assai quell'empia femina
ne die tormento e noia.

ORSINI
Fede a fallaci oroscopi
l'anima mia non presta,
non presta fé, no, no, no.
Ma pur mio malgrado, un palpito
tal sovvenir mi desta.
Spesso dovunque mono,
quel veglio orrendo trovo,
Quella minaccia orribile
parma la notte udir.

**LIVEROTTO, VITELLOZZO,
PETRUCCI, GAZELLA, GUBETTA,
ENMASCARADOS**
Finché il Leon temuto
ne porge à silo e aiuto,
l'arti e il furor dè Borgia
non ci potrà colpir, no, no.
Vieni, la danza invitaci,
lascia costui dormir.

ORSINI
Te, mio Gennaro, invidio,
che puoi così dormir.
Ah! Spesso dovunque muovo
quel veglio orrendo io trovo.

LIVEROTTO Y VITELLOZZO
Vieni.

ORSINI
Quella minaccia orribile
parma la notte udir.

LOS OTROS
Finché il Leon temuto... etc.
Vieni, lascia costui dormir... etc.

28. ¿Es un vaticinio de maldad
pero puedes creerlo? ¡No, no,
puedes creerlo? No, no.

29. Escuchen, la danza los invita.
Alejen los tristes pensamientos;
Pasemos la noche con alegría.
La impía mujer
nos ha dado bastante tormento.

30. Mi alma no le tiene
fe a los horóscopos falsos,
no le tiene fe, no, no, no.
Pero a pesar mío un escalofrió
me envuelve.
Doquiera que voy,
me encuentro a aquel viejo horrendo.
Aquella horrible amenaza
me parece oír en la noche.

31.

Mientras el temido León
nos brinde asilo y ayuda
las armas y el furor de los Borgia,
no nos podrán golpear, no, no.
Vengan, la danza nos invita,
dejemos que él duerma.

32. Te envidio Gennaro,
que puedes dormir así.
¡Ah! Doquiera que vaya me encuentro
a aquel viejo horrendo.

33. Vengan.

34. Aquella horrible amenaza
me parece oír en la noche.

35. Mientras el temido Leon... etc.
Vengan, dejémoslo dormir... etc.

ORSINI

Ma più mio malgrado... etc.
Te, mio Gennaro... etc.

36.   Pero a pesar mío... etc.
Te envidio Gennaro... etc.

Todos salen. Arriba una góndola y de ella desciende una dama enmascarada.
Ella es Lucrecia Borgia; avanza cautelosamente por la terraza.
Cuando vé a Gennaro dormido, lo mira con una expresión de alegría y respeto.
Gubetta regresa y permanece a un lado mientras observa.

LUCRECIA

Tranquillo el posa.
Oh! Sian così tranquille
sue notti sempre!
E mai provar non debba
qual delle notti mie,
quant'e il tormento!
Ah, e mai provar non debba!

37.   El reposa tranquilo.
¡Que sus noches
siempre sean así de tranquilas!
¡Él no debe saber
la naturaleza y el tormento
de mis noches!
¡Que nunca sepa!

Advierte la presencia de Gubetta.

Sei tu?   ¿Eres tú?

GUBETTA

Son io. Pavento che alcun vi
scopra; ai giorni vostri, è vero
scudo è Venezia.
Ma vietar non puoté
che conosciuta non v'insulti alcuno.

38.   Soy yo. Temo que alguien te vea
es verdad que tu vida está protegida
por Venecia.
Pero no puedes evitar
que cuando te reconozcan seas insultada.

LUCRECIA

E insultata sarei,
m'abborre ognuno!
Pur per sì trista sorte
nata io non era.
Oh, potess'io far tanto
che il passato non fosse,
e in un cor solo
destare un senso di pieta de
e amore che invano al mondo
in mia grandezza io chiedo!
Quel giovini vedi?

39.   ¡Y seré insultada,
todos me aborrecen!
Yo no nací
para tener ésta triste suerte.
¡Si yo tuviera poder
para deshacer el pasado,
y en un solo corazón
despertara un sentimiento de
piedad y amor que en vano con
todo mi poder yo deseo del mundo!
¿Ves a ese joven?

GUBETTA

Il vedo.
E da più di lo seguo,
e indarno tento
scoprir l'arcano che per lui
da Ferrara a Venezia in tanta ambascia.

40.   Lo veo.
Lo he estado siguiendo,
y he tratado en vano
de descubrir el secreto que de
Ferrara a Venecia te ha preocupado tanto.

17

LUCRECIA
Tu scoprirlo! No poi
Seco mi lascia.

41. ¡Tú no puedes descubrirlo!
     Déjeme sola con él.

Gubetta parte y Lucrecia va hacia Gennaro, sín darse cuenta de que Alfonso y Rustighello,
enmascarados pasan y al verlos se detienen a un lado.

LUCRECIA
Com'e bello! Quale incanto
in quel volto onesto e altero!
No, giammai leggiadro tanto
non se'l pianse il mio pensiero.
L'alma mia di gioia è piena
or che alfine lo può mirar.
Mi risparmia, o ciel, la pena
ch'ei mi debba un di sprezzar.
Se il destassi? No, non oso,
né scoprire il mio sembiante.
Pure il ciglio lagrimoso
terger debbo, un solo istante.

42. ¡Como es bello! ¡Cuánto encanto
     en ese rostro honesto y altivo!
     No, jamás lo había visto tan hermoso
     en mis pensamientos.
     Mi alma está llena de alegría
     ahora que lo puedo mirar.
     Evítame oh cielo la pena
     que el un día me desprecie.
     ¿Y si lo despierto? No me atrevo
     a que descubra mi semblante.
     Y aun mis ojos lacrimosos
     debo secarlos en un instante.

Ella se quita la máscara para secar sus lágrimas.
Alfonso y Rustighello hablan quedamente.

ALFONSO
Vedi? E dessa.

43. ¿Ves? Es ella.

RUSTIGHELLO
E dessa, è vero.

44. En verdades ella.

ALFONSO
Chi è il garzone?

45. ¿Quién es el muchacho?

RUSTIGHELLO
Un venturiero.

46. Un aventurero.

ALFONSO
Non ha patria?

47. ¿No tiene patria?

RUSTIGHELLO
Né parenti.
Ma è guerrieri fra i più valenti.

48. Ni familia.
     Pero es un guerrero muy valiente.

ALFONSO
Di condurlo adopra ogn'arte.
a Ferrara in mio poter.

49. Trata con todo tu arte de conducirlo
     a Ferrara bajo mi poder.

RUSTIGHELLO
Con Grimani all'alba ei parte
ei previeni il tuo pensiero.

50. Con Grimani, el parte al alba
     él sospecha tus intenciones.

Alfonso y Rustighello parten.

LUCRECIA

Mentre geme il cor sommesso
mentre piango a te d'appresso,
dormi, e sogna, o dolce oggetto,
sol di gioia e di diletto.
Ed un angelo tutelare
non ti desti che al piacer.
Triste notti e veglie amare
debbo sola sostener.
Gioie sogna, ed un angelo
non ti desti che al piacer.
Si voli il primo a cogliere
bacio d'un santo amore,
quell'innocente core
riposi sul mio cor.
Un dolce sogno, un estasi,
un lusinghiero incanto!
La vita a lui d'accanto,
delizia fia d'amor.
Si voli il primo a cogliere... etc.

51. Mientras gime mi humilde corazón
mientras lloro a tu lado
duerme y sueña o dulce amor,
sol de alegría y de delicia.
Y que tu ángel de la guardia
solo te despierte para el placer.
Tristes noches y amarga vigilia
debo sufrir sola.
Sueña alegre, y que un ángel solo
te despierte para el placer.
Déjame apresurarme para tomar
el primer beso de un santo amor,
que tu inocente corazón
repose sobre mi corazón.
¡Un dulce sueño, un éxtasis
un gentil encanto!
Que la vida a tu lado,
sea una delicia de amor.
Déjame apresurarme... etc.

Ella besa la mano de Gennaro y él despierta

LUCRECIA
Ciel!

52. ¡Cielos!

GENNARO
Che vegg'io?

53. ¿Qué veo?

LUCRECIA
Lasciatemi.

54. Déjame.

GENNARO
No, no gentil signora.

55. No, no, gentil señora.

LUCRECIA
Lasciatemi.

56. Déjame.

GENNARO
No, per mia fede!

57. ¡No, por mi fe!

LUCRECIA
Ah, lasciatemi!

58. ¡Ah, déjame!

GENNARO
No, per mia fede!
Ch'io vi contempli ancora!
Leggiadra amabile siete;
né paventar dovete
che ingrato ed insensibile
per voi si trovi un cor.

59. ¡No, por mi fe!
¡Déjame contemplarte!
Eres hermosa y amable
no debes temer
que encuentres un corazón
que por ti sea ingrato e insensible.

19

LUCRECIA
Gennaro! E fia possibile
che a me tu porti amor?

GENNARO
Qual dubbio è il vostro?

LUCRECIA
Ah, dimmelo.

GENNARO
Si, quanto lice, io v'amo.

LUCRECIA
Oh, gioia!

GENNARO
V'amo. Ma pure uditemi,
esser verace io bramo,
Avvii un più caro oggetto
cui nutro immenso affetto.

LUCRECIA
E ti è di me più caro?

GENNARO
Si!

LUCRECIA
Chi è mai?

GENNARO
Mia madre ell'è.

LUCRECIA
Tua madre.

GENNARO
Si!

LUCRECIA
Tua madre! O mio Gennaro!
Tu l'ami?

GENNARO
Al par di me!

LUCRECIA
Ed ella?

60. ¡Gennaro! ¿Es posible
que sientas amor por mí?

61. ¿Cuál es vuestra duda?

62. Ah, dímelo.

63. Si tanto como puedo, te amo.

64. ¡Qué alegría!

65. Te amo. Ahora escúchame,
quiero decirte la verdad,
Aun hay alguien a quien amo más
y por quien siento tremendo amor.

66. ¿Y es más querido que yo?

67. ¡Si!

68. ¿Y quién es?

69. Es mi madre.

70. Tu madre.

71. ¡Si!

72. ¡Tu madre! ¡Oh Gennaro mío!
¿Tú la amas?

73. ¡Tanto como a mí!

74. ¿Y ella?

GENNARO
Ah! Compiangetemi;
io non la vidi mai.

LUCRECIA
Ma come?

GENNARO
E funesta istoria,
che sempre altrui celai,
ma son da ignoto istinto
a dirla a voi sospinto;
alma cortese e bella.

LUCRECIA
(Tenero cor!)

GENNARO
... nel vostro volto appare.

LUCRECIA
Ah! Favella, favella.
Tutto mi puoi narrar.

GENNARO
Di pescatore ignobile
esser figliuola credei;
e seco oscuri in Napoli,
vissi i prim'anni miei.
Quando un guerriero incognito
venne d'inganno a trarmi
mi die cavallo ed armi
e un foglio a me lasciò.

LUCRECIA
Ebben?

GENNARO
Era mia madre, ahi! Misera.
Mia madre che scrivea.
Di rio possente vittima,
per se, per me temea;
di non parlar ne chiedere
il nome suo qual era
calda mi fé preghiera
ed obbedita io l'ho.

LUCRECIA
E il foglio suo?

75. Ah, compadéceme;
nunca la he visto.

76. ¿Cómo es eso?

77. Es una funesta historia,
que siempre oculto a los demás,
pero un desconocido instinto
me hace decírtelo a ti;
alma cortés y bella.

78. (¡Qué tierno corazón!)

79. ... en tu rostro aparece.

80. ¡Ah! Habla, habla.
Me puedes contar todo.

81. Creí que yo era hijo
de un humilde pescador;
y con él en Nápoles,
viví mis primeros años obscuros.
Cuando un desconocido guerrero
vino a buscarme,
me dio caballo y armas
y me dejó una carta.

82. ¿Y bien?

83. ¡Era mi madre, pobrecita!
Mi madre que me escribió.
Víctima de un poder malvado,
por ella y por mi temía;
me pidió no hablar
de ella ni mencionar
su nombre y
yo la he obedecido.

84. ¿Y la carta?

GENNARO
Miratelo.
Mai dal mio cor si parte.

LUCRECIA
Oh, quanto amare lagrime
forse in vergarlo ha sparte!

GENNARO
Ed io signora,
oh, quanto su quelle cifre ho pianto!
Ma che? Voi pur piangere?

LUCRECIA
Ah, sì.

GENNARO
Piangete?

LUCRECIA
Per lei, per te.

GENNARO
Per me?

LUCRECIA
Per te.

GENNARO
Piangere per me? Piangere per me?
Alma gentil voi siete.
ancor più cara a me.

LUCRECIA
Ama tua madre, e tenero
sempre per lei ti serba.
Prega che l'ira plachisi
della sua sorte acerba.
Prega che un giorno stringere
ella ti possa al cor.

GENNARO
L'amo, si l'amo e sembrami
vederla in ogni oggetto.
Una soave immagine
me n'ho formata in petto
seco dormente o vigile,
seco favello ognora.

LUCRECIA
(Tenero cor!)

85. Mírala.
Nunca la separo de mi corazón.

86. ¡Oh, cuantas amargas lágrimas
habrá derramado al escribirla!

87. ¡Y yo señora,
cuánto he llorado por esas letras!
¿Pero cómo? ¿Tú también lloras?

88. Ah, sí.

89. ¿Lloras?

90. Por ella, por ti.

91. ¿Por mí?

92. Por ti.

93. ¿Lloras por mí? ¿Lloras por mí?
Eres un alma gentil
todavía más querida por mí.

94. Ama a tu madre y conserva
siempre tu ternura para ella.
Ruega para que la ira sobre
ella cese.
Ruega para que ella un día
te estreche a su corazón.

95. La amo, si la amo y me parece
verla en todas las cosas.
Una suave imagen de ella
me he formado en mi pecho
y esté dormido o despierto,
siempre hablo con ella.

96. (¡Qué corazón tan tierno!)

GENNARO
Alma gentil,
voi siete più cara a me.

97. Alma gentil,
ahora te quiero más.

LUCRECIA
Ah, ama tua madre,
e tenero...

98. Ama a tu madre,
y se tierno...

GENNARO
L'amo.

99. La amo.

LUCRECIA
... sempre per lei ti serba.

100. ... sé siempre para ella.

GENNARO
Sempre.

101. Siempre.

LUCRECIA
Prega che l'ira plachisi
della sua sorte acerba.

102. Ruega que la ira se aplaque
de su amarga suerte.

GENNARO
Si

103. Si.

LUCRECIA
Prega che un giorno stringere
ella ti possa al cor.
Prega che un giorno stringere...

104. Ruega para que algún día
ella te abrace a su corazón.
Ruega para que ella algún día...

GENNARO
Una soave immagine... etc.

105. Una suave imagen... etc.

Figuras enmascaradas se aproximan desde diferentes direcciones;
llegan pajes con antorchas, escoltando a damas y caballeros.
Entra Orsini con sus amigos.

LUCRECIA
Gente appressa, io ti lascio.

106. Se acerca gente, te dejo.

GENNARO
Ah, fermate, fermate.

Deteniéndola
107. Ah, detente, detente.

ORSINI
Chi mai veggio!

Reconoce a Lucrecia y la señala a sus amigos
108. ¡A quién veo!

LUCRECIA
M'è forza lasciarti.

109. Tengo que dejarte.

GENNARO
Deh, chi siete almeno dirmi degnate.

110. Al menos dígnate decirme quién eres.

LUCRECIA
Tal che t'ama.

GENNARO
Chi siete?

LUCRECIA
... e sua vita è l'amarti.

GENNARO
Chi siete?

ORSINI
Io dirollo.

Se cubre el rostro con la máscara y trata de escapar.

LUCRECIA
Gran Dio!

Le bloquean la salida.

ORSINI, LIVEROTTO, VITELLOZZO, PETRUCCI, GAZELLA
Non partite. Forza è udirne.

LUCRECIA
Gennaro!

GENNARO
Che ardite?
S'avvio alcun d'insultarla capace
di Gennaro più amico non è.

ORSINI Y LOS OTROS
Chi siam noi sol chiarirla ne piace.
E poi fugga da te.

LUCRECIA
(Oh, cimento!)
(Oh, cimento!)

ORSINI Y LOS OTROS
Forza è udirne.

GENNARO
Favellate!

ORSINI
Maffio Orsini, signora, son io,
cui svenaste il dormente fratello.

111. Alguien que te ama.

112. ¿Quién eres?

113. ... y su vida es amarte.

114. ¿Quién eres?

115. Yo te lo diré.

116. ¡Gran Dios!

117. No partas, debes escucharnos.

118. ¡Gennaro!

119. *A sus amigos*
¿Cómo se atreven?
Si alguno es capaz de insultarla
ya no será amigo de Gennaro.

120. Solo queremos decirle quienes somos.
Y después que se vaya.

121. (¡Qué angustia!)
(¡Qué angustia!)

122. Tú debes escucharnos.

123. ¡Hablen!

124. Señora, yo soy Maffio Orsini,
tu mataste a mi hermano mientras dormía.

VITELLOZZO
Io Vitelli, cui feste lo zio
trucidar nel rapito castello.

LIVEROTTO
Io nipote d'Appiano
tradito,
da voi spento in infame convito.

GENNARO
Ciel, che ascolto?
Ah! O cielo, che ascolto?

PETRUCCI
Io Petrucci del Conte cugino
cui toglieste si Siena il domino.

LUCRECIA
O, malvagia mia sorte!

ENMASCARADOS
Cielo! Qual rea donna!

GAZELLA
Io congiunto d'oppresso consorte
che faceste nel Tebro perir.

LUCRECIA
Ciel, ove fuggo?
Che fare, che dir?
Ah, ove fuggo?
Che fare, che dir?

ENMASCARADOS
Ah!
Cielo! Quel rea donna!

GENNARO
(Oh ciel, ohimè!
ah, che ascolto, giusto ciel!
O ciel! Che far, che far?)

ORSINI
Maffio Orsini, signora, son io, si.

VITELLOZZO
Io Vitelli, signora, son io, si.

LIVEROTTO
Io nipote d'Appiano, si.

125. Soy Vitelli a cuyo tío mataste
después de robarle su castillo.

126. Yo soy sobrino de Appiano
a quien traicionaste
y fue envenenado en un infame banquete.

127. ¿Cielos, que escucho?
¿Cielos, que escucho?

128. Yo Petrucci, primo del Conde a
quién quitaste el señorio de Siena.

129. ¡Oh, suerte malvada!

130. ¡Cielo! ¡Qué malvada mujer!

131. Soy pariente de uno de tus consortes,
que hiciste ahogar en el Tiber.

132. ¿Cielos, adonde me fugo?
¿Qué hago, qué digo?
¿Adónde me fugo?
¿Qué hago, que digo?

133. ¡Ah!
¡Cielos! ¡Qué malvada mujer!

134. (¡Cielos, ah, que escucho,
justo cielo!
¿Oh cielo, qué hacer, qué hacer?)

135. Yo soy, Maffio Orsini, señora, sí.

136. Yo Vitelli, señora, soy yo, sí.

137. Yo sobrino de Appiano, sí.

PETRUCCI Y GAZELLA
Si, siam noi, siamo noi.

LUCRECIA
Malvagia mia sorte!

ENMASCARADOS
Che rea donna.

GENNARO
(O ciel, che ascolto?)

LUCRECIA
(Malvagia mia sorte!)

ENMASCARADOS
Va, rea donna, va, va.

ORSINI, LIVEROTTO, VITELLOZZO, PETRUCCI, GAZELLA
Or che a lei l'esser nostro è palese,
odi il suo.

GENNARO Y ENMASCARADOS
Dite, dite.

LUCRECIA
Ah, pietade! Ah, pietade!

ORSINI Y LOS OTROS
Odi il suo.

LUCRECIA
No, ah!

ORSINI Y LOS OTROS
Ella è donna che infame si rese,
che l'orrore sarà d'ogni etade.
ella è donna venefica, impura
vilipese, oltraggiò la natura.

LUCRECIA
Ah, Gennaro.

ORSINI Y LOS OTROS
Com'è odiata è temuta del paro...

GENNARO
Questa donna?

ORSINI Y LOS OTROS
...che possente il destino la fé...

138. Si, somos nosotros, somos nosotros.

139. ¡Qué malvada suerte!

140. Qué malvada mujer.

141. (¿Cielos, qué escucho?)

142. (¡Qué malvada mi suerte!)

143. Vete malvada mujer, vete, vete.

144.
Ahora que ella sabe quiénes somos,
escuchémosla.

145. Habla, habla.

146. ¡Ah, piedad, piedad!

147. Escúchenla.

148. ¡No, ah!

149. Ella es una infame,
que será el horror de toda edad,
Ella es mujer venenosa, impura,
que ultrajó a la naturaleza.

150. Ah, Gennaro.

151. Ella es odiada y es temida...

152. ¿Esta mujer?

153. ...y el destino la hizo poderosa...

GENNARO
Ah! Ma chi è mai?

154. ¿Pero quién es ella?

LUCRECIA
Non udirli Gennaro!

155. ¡No los oigas Gennaro!

ORSINI Y LOS OTROS
Chi? Vuoi saperlo?

156. ¿Quién? ¿Quieres saberlo?

GENNARO
Si, chi è mai?

157. ¿Si, quién es?

LUCRECIA
Per pietà, non udirli.

158. Por piedad, no los oigas.

GENNARO
Ah! Lo dite.

159. ¡Ah! Díganmelo.

ORSINI Y LOS OTROS
Com'è odiata... etc.

160. Como es odiada... etc.

LUCRECIA
Ah! No, no, grazia!
Non udirli, no, no.

161. ¡Ah! ¡No, no, misericordia!
No los oigas, no, no.

GENNARO
Ah! Ma chi è? Dite.
Cielo! Dite tal donna chi è.

162. ¿Pero quién es? Habla.
¡Cielos! Digan quién es ésta mujer.

ORSINI Y LOS OTROS
Ella infame si rese... etc.
Il destino potente la fè.

163. Ella es infame... etc.
El destino la hizo poderosa.

GENNARO
Dite, dite.
Ah! Il destino potente la fé.

164. Hablen, hablen.
El destino la hizo poderosa.

LUCRECIA
Gennaro! No Gennaro!
Ah! Non udirli, non udirli!
Ah! Mio Gennaro!

165. ¡Gennaro! ¡No Gennaro!
¡No los oigas, no los oigas!
¡A Gennaro mío!

ENMASCARADOS
Ma chi è mai?

166. ¿Pero quién es ella?

GENNARO
Ma chi è mai?

167. ¿Pero quién es ella?

Lucrecia se arranca la mascara de la cara.

ORSINI Y LOS OTROS
E la Borgia.

168. Es la Borgia.

GENNARO
Dio!
Va, va, va.

ORSINI Y LOS OTROS
Ravvisala.

ENMASCARADOS
La Borgia!

LUCRECIA
Ah!

169. ¡Dios!
Vete, vete, vete.

170. Mírala.

171. ¡La Borgia!

172. ¡Ah!

∞

Acto Primero

Escena 1. Una plaza en ferrara.
A un lado, un palacio, debajo del balcón sobre la pared
un blasón de marmol con el nombre BORGIA en letras de bronce.
Enfrente, la casa de Gennaro; las venta nas iluminadas. Es de noche.
Entran Alfonso y Rustighello vistiendo largas capas.

ALFONSO
Nel veneto corteggio
lo ravvisasti?

173. ¿Lo viste
en el cortejo de Venecia?

RUSTIGHELLO
E me gli posi al fianco, e lo
seguii, come se l'ombra io fossi
del corpo suo.

174. Me coloqué a su lado y lo seguí
como si fuera la sombra
de su cuerpo.

Apuntando a la casa de Gennaro.

Quello è il suo tetto.

Esa es su casa.

ALFONSO
Quello?
Appo il ducale ostello
Lucrecia il volle!

175. ¿Aquella?
¡Al palacio ducal Lucrecia
quiere traerlo!

RUSTIGHELLO
E in esso ancore il vuole,
se non m'inganna
di quel vi Gubetta
L'ire e il redir
e lo spiar furtivo.

176. Y aun lo quiere allí
a menos que yo haya sido engañiado
por la ira, el chisme
y el espionaje furtivo
del vil Gubetta.

ALFONSO
Entrarvi le puote
non ne uscir mai vivo.

177. El podrá entrar
pero no saldrá vivo.

Se escuchan voces y ruidos en la casa de Gennaro.

Odi?

¿Oyes?

RUSTIGHELLO
Gli amici in festa
tutta notte accoglieva
in quelle porte il giovini folle.

VOCES
Viva, evviva!
Viva, viva!

RUSTIGHELLO
Separarsi all'alba han per costume.

ALFONSO
E l'ultim'alba è questa
che al temerario splende;
l'ultimo addio
che dagli amici le prende.

VOCES
Viva, viva, viva!

ALFONSO
Vieni; la mia vendetta.
è meditata e pronta
le l'assicura e affretta
col cieco suo fidar
Ah! Vieni; la mia vendetta... etc.

RUSTIGHELLO
Ma se l'alter Grimani
là si recasse ad onta?

ALFONSO
Mai per cotesti insani
me non verrà sfidar, no, no.
Qualunque sia l'evento
che può recar fortuna,
nemico non pavento
l'altero ambasciator.
Non sempre chiusa ai popoli
fu la fatale laguna;
ad oltraggiato principe
aprir si puote ancora.

RUSTIGHELLO
Tutta la notte in festa.

ALFONSO
E l'ultima sarà.

178. El joven hace fiestas en su
casa que duran toda la noche.

179. ¡Viva, viva!
¡Viva, viva!

180. Tienen por costumbre retirarse al alba.

181. Y ésta es la última alba
que verá brillar el temerario
el último adiós
que se lleva de sus amigos.

182. ¡Viva, viva, viva!

183. Ya viene mi venganza;
se ha meditado y está lista;
él la asegura y la apresura
con su ciega confianza.
Ya viene mi venganza... etc.

184. ¿Pero y si el altivo Grimani
se opusiera?

185. Él no se atreverá a retarme
por causa de ese desgraciado, no.
Cualquiera que sea el evento
que me pueda traer fortuna,
no considero enemigo
al altivo embajador.
La fatal laguna no siempre fue
cerrada al populacho.
Y aún puede ser abierta
para el ultrajado príncipe.

186. Toda la noche en la fiesta.

187. Pero será la última.

RUSTIGHELLO
L'ultimo addio sarà.

188.   Será el último adiós.

ALFONSO
Si, Qualunque sia l'evento... etc.

189.   Cualquiera que sea el evento etc.

Se retiran mientras Gennaro, Gubetta, Orsini y los otros amigos salen de la casa.
Todos están contentos menos Gennaro que está pensativo.
Gubetta se aparta del grupo.

LOS AMIGOS
Addio, Gennaro.

190.   Adiós, Gennaro.

GENNARO
Addio, nobili amici.

191.

        Adiós, nobles amigos.

ORSINI
Ma che...
leggio sì mesto mirarti ognora?

192.   ¿Pero qué...
        siempre debo mirarte triste?

GENNARO
Mesto! Non già.
(Potessi se non vederti,
almea giovarti, o madre!)

193.   ¡Triste! No lo estoy.
        (¡Aun si no pudiera verte
        o al menos ayudarte, oh madre!)

ORSINI
Mille beltà leggiadre sarà
stasera al genial festino,
cui la gentil n'invita
Principessa Negroni.
Ove qualcuno obbliato avess'ella
a me lo dica.
di riparar l'errore è pensiero mio.

194.   Mil beldades hermosas estarán
        ésta noche en la fiesta,
        a la que invita la gentil
        Princesa Negroni.
        Y si ella ha olvidado a alguien
        déjamelo saber
        para reparar el error.

LOS OTROS
Tutti fumo invitati.

195.   Todos fuimos invitados.

GUBETTA
E il sono anch'io.

196.   Yo también.

LOS OTROS
Oh! Il signor Beverana!

197.   ¡Oh! ¡El señor Beverana!

Todos van hacía Gubetta excepto Gennaro y Orsini.

GENNARO
Da per tutto è costui!
Già da gran tempo
m'e sospetto.

        A Orsini
198.   Este hombre está en todas partes
        Desde hace largo tiempo
        me es sospechoso.

ORSINI
Oh, non temer;
uomo lieto, e qual siam tutti,
uno sventato è desso.

199. Oh, no temas;
es un hombre como nosotros
tan imprudente como cualquiera.

VITELLOZZO
Or via! Così dimesso
io non ti vò Gennaro.

200. ¡Vamos! No quiero verte así tan
turbado Gennaro.

LIVEROTTO
Ammaliato t'avrai
forse la Borgia?

201. ¿Acaso la Borgia
te embrujó?

GENNARO
E ognora di lei
v'udrò parlarmi?
Giuro al cielo signori.
scherzi non voglio.
Uomo non v'ha
che abborra al par di me costei.

202. ¿Debo siempre oírte
hablarme de ella?
Juro al cielo señores
que no quiero esas bromas.
Ningún hombre
la aborrece tanto como yo.

PETRUCCI
Tacete. E quello il suo palagio.

203. Callen. Aquel es su palacio.

GENNARO
E il sia. Stamparle infronte
vorrei l'infamia,
che a stampar son pronto
su quelle mura
dov'è scritto "Borgia".

204. Así sea. Me gustaría estamparle
su infamia en la frente,
así como estoy listo
a estamparla en ese muro
en donde está escrito "Borgia".

Se acerca al blasón en el palacio y con su daga arranca la primera letra del nombre Borgia,
quedando escrito "BORGIA".

LOS AMIGOS
Che fai?

205. ¿Qué haces?

GENNARO
Leggete adesso

206. Léanlo ahora.

ORSINI Y LOS OTROS
Oh, diamin! Orgia!

207. ¡Diablos! ¡Orgia!

GUBETTA
Una facezia è questa,
che può costar domani
ben cara a molti.

208. Esto es una broma,
que mañana puede costarle
muy cara a muchos.

GENNARO
Ove del reo si chieda,
me stesso a palesar pronto son io.

209. Si ellos preguntan por el culpable,
estoy listo a admitirlo.

ORSINI
Qualcun ci osserva, separiamci.

210. Alguien nos observa, separémonos.

TODOS
Addio.

211. Adiós.

Gennaro regresa a su casa. Los otros se retiran mientras Astolfo y Rustighello llegan.

RUSTIGHELLO
Qui che fai?

212. ¿Qué haces aquí?

ASTOLFO
Che tu t'en vada fermo aspetto.
E tu che fai?

213. ¡Esperando que te vayas.
Y tú que haces?

RUSTIGHELLO
Che tu sgombri la contrada
fermo attendo.

214. Que evacues la calle
es lo que espero.

ASTOLFO
Con chi l'hai?

215. ¿Contra quién la traes?

RUSTIGHELLO
Con quel giovine straniero
ch'ha qui stanza
e tu con chi?

216. ¿Con aquel joven extranjero
que vive aquí
y tú con quién?

ASTOLFO
Con quel giovine straniero...

217. Con ese joven extranjero...

RUSTIGHELLO
Con quel?

218. ¿Con cuál?

ASTOLFO
... che pur esso alberga qui.

219. ... que también vive aquí.

RUSTIGHELLO
D'ove il guidi?

220. ¿A dónde lo llevarás?

ASTOLFO
Alla Duchessa.
E tu dov'è?

221. A la Duquesa.
¿Y tú adonde?

RUSTIGHELLO
Al Duca appresso.

222. Al Duque.

ASTOLFO
Oh, la via non è l'istessa.

223. Oh, el camino no es el mismo.

RUSTIGHELLO
Né conduce a un fine stesso.

224. Ni conduce al mismo fin.

ASTOLFO
L'una festa.

225. Uno a una fiesta.

RUSTIGHELLO
L'altra a morte.

226. El otro a la muerte.

ASTOLFO
L'una a festa.

227. Uno a una fiesta.

RUSTIGHELLO
L'altra a morte.

228. El, otro a la muerte.

RUSTIGHELLO Y ASTOLFO
Delle due qual s'aprirà?
Del più destro, o del più forte
dal voler dipenderà.

229. ¿De cuál de los dos será?
Depende de quién sea
más fuerte o más listo.

*Rustighello hace una seña
y entra una banda de bandoleros que rodea a Astolfo.*

RUSTIGHELLO Y BANDIDOS
Non far motto, parti, sgombra
Il più forte appien lo vedi.
Guai per te se appena un'ombra
di sospetto a lui ti porgi!
Sai che un solo qui tutto rege
Somma legge è il suo voler...

230. No hagas mucho, lárgate de aquí
ya ves quien es el más fuerte.
¡Pobre de ti si lo haces sentir
solo una sombra de sospecha!
Tú sabes que un solo hombre rige
todo aquí, su deseo es ley suprema...

ASTOLFO
Ma il furore della Duchessa...

231. Pero el furor de la Duquesa...

RUSTIGHELLO Y BANDIDOS
Taci, è d'essa, no, non temer.

232. Calla, de ella no temas.

ASTOLFO
... Della Duchessa?

233. ... ¿De la Duquesa?

RUSTIGHELLO Y BANDIDOS
Taci, è d'essa, no, non temer.
al suo nome, alla sua fama
fé l'audace estrema offesa.

234. Calla, no, no le temas;
a su nombre y a su fama
ese hombre ha ofendido.

ASTOLFO
Fé l'audace estrema offesa.

235. El muy audaz la ofendió.

RUSTIGHELLO Y BANDIDOS
Vendicarsi il Duca brama;
impedirlo è stolta impresa.

236. El Duque quiere vengarse
impedirlo es empresa tonta.

ASTOLFO
Certo, certo, è stolta impresa.

237. Cierto, es una empresa tonta.

RUSTIGHELLO Y BANDIDOS
Se da saggio operar tu vuoi
deh piegare, partir, tacer.

ASTOLFO
Parto, si, che avvenga poi
vostro sia, non mio pensiero.

RUSTIGHELLO Y BANDIDOS
Parti, parti, parti!
Tu deh piegar, partir, tacer.
Se da saggio operar, tu vuoi... etc.

ASTOLFO
Parto, si, parto sì.
Vostro sia non mio pensiero.

238. Si quieres actuar sabiamente
tú debes aceptar, irte y callarte.

239. Si me iré, lo que venga después
es tu asunto, no el mío.

240. ¡Parte, parte, parte!
Tú debes aceptar, irte y callar.
Si vas a actuar sabiamente... etc.

241. Si parto, si parto.
Es su asunto no el mío.

Astolfo parte, Rustighello y los bandidos van a llamar a la puerta de la casa de Gennaro

Escena 2.
Una habitación en el Palacio Ducal.
En la parte de atras hay una gran puerta.
A la derecha una puerta con vitral. Hay una mesa.
Entran Alfonso y Rustighello.

ALFONSO
Tutto eseguiste?

242. ¿Lo hiciste todo?

RUSTIGHELLO
Tutto.
Il prigioniero qui presso attende...

243. Todo.
El prisionero espera cerca...

ALFONSO
Or bada.
A questa in fondo segreta sala
della statua a piedi
dell'avol mio,
riposti armadi schiude
quest'aurea chiave.
Ivi d'argento un vaso
e un d'or vedrai.
Nella propinqua stanza ambo gli reca.
Né desio ti tenti dell'aureo vaso
vin de Borgia è desso.
Attendi. All'uscio appresso
tienti di spada armato,
ov'io ti chiami i vasi apporta;
ov'altro cenno intendi,
col ferro accorri.

244. Ahora escucha con cuidado.
Al fondo de la sala secreta
al pie de la estatua
de mi abuelo,
hay armarios secretos
que abre ésta aurea llave.
Allí encontraras un
frasco plateado y otro dorado
Llévatelos ambos al cuarto vecino.
Que no te tiente el frasco dora
do porque tiene vino de Borgia.
Escucha. Quédate en la puerta
armado con la espada,
si te llamo, trae los frascos;
si te hago una señal,
entra corriendo con la espada.

35

SIRVIENTE
La Duchessa.

245. La Duquesa.

ALFONSO
Affretta.

A Rustighello
246. Date prisa.

Rustighello sale y atraves del cristal de la ventana se le ve caminando...

ALFONSO
Così turbata?

A Lucrecia
247. ¿Por qué estás disgustada?

LUCRECIA
A voi mi trae vendetta.
Colpa inaudita, infame,
a denunziarvi io vengo.
Avvii in Ferrara
chi della vostra sposa
a pieni meriggio oltraggia il
nome e mutilarlo ardisce.

248. La venganza me trae hasta ti.
Vengo a denunciarte una ofensa
infame e inaudita.
Hay en Ferrara un hombre
que insultó el nombre de tu esposa
y a plena luz del día
se atrevió a mutilarlo.

ALFONSO
M'è noto.

249. Ya lo sé.

LUCRECIA
E non punisce
e il soffre Alfonso in vita?

250. ¿Y si Alfonso no lo castiga
lo dejará con vida?

ALFONSO
A noi dinanzi tosto fia tratto.

251. Que sea traído ante nosotros.

LUCRECIA
Qual ei sia
pretendo che morte e l'abbia,
e al mio cospetto;
e sacra ducale parola
al vostro amor ne chiedo.

252. Quienquiera que sea
quiero que muera
y ante mi vista;
yo pido tu sagrada palabra ducal
y ahora pido tu amor.

ALFONSO
E sacra io dola.

Il prigioniero.

253. Es sagrada, yo te la doy.
Al guardia
El prisionero.

Entra Gennaro flanqueado por guardias.

LUCRECIA
(O ciel! Gennaro!
Ahi qual fatalità!)

254. (¡Cielos! ¡Gennaro!
¡Qué fatalidad!)

GENNARO
La vostra altezza, o Duca,
toglier mi fece dal mio tetto
a forza da gente armata.
Chieder posso, io spero, d'on d'io
mortai questo rigore estremo?

ALFONSO
Capitano appressate.

LUCRECIA
(Io gelo, io tremo!)

ALFONSO
Un temerario osava testé, di giorno
dal ducale palazzo con man profana
cancellar l'augusto nome di Borgia,
Il reo si cerca.

LUCRECIA
Il reo non è costui.

ALFONSO
Donde il sapete?

LUCRECIA
Egli era stamane altrove.
Alcun dè suoi compagni
commise il fallo.

GENNARO
Non è ver.

ALFONSO
L'udite?
Siate sincero è dite
se il reo voi siete.

GENNARO
Uso a mentir non sono,
ché dalla vita istessa
più caro ho l'onor mio.
Duca Alfonso, il confesso:
il reo son io.

LUCRECIA
(Misera me!)

ALFONSO
Voi diedi la mia ducale parola.

255. Vuestra alteza, Oh Duque,
me hizo detener en mi casa por
la fuerza de gente armada.
¿Espero poder preguntar
el porqué de éste rigor extremo?

256. Capitán, acércate.

257. (¡Me hielo, tiemblo!)

258. Un temerario osó, a pleno día
con mano profana, del palacio
ducale borrar el augusto nombre Borgia.
Buscamos al culpable.

259. El culpable no es él.

260. ¿Cómo lo sabes?

261. Esta mañana él estaba en otra parte.
Alguno de sus compañeros
cometió la falta.

262. No es verdad.

263. ¿Lo oíste?
Sé sincero y dinos
si tú eres el culpable.

264. No acostumbro mentir
mi honor es más apreciado
que mi vida.
Duque Alfonso, yo confieso:
el culpable soy yo.

265. (¡Pobre de mí!)

A Lucrecia
266. Te di mi ducal palabra.

LUCRECIA
Alcuni istanti favellarvi in
segreto, Alfonso io bramo.
(Deh! Secondami oh ciel!)

267. Deseo hablarte a solas
un momento Alfonso.
(¡Ayúdame oh cielo!)

A una señal de Alfonso, Gennaro es retirado.

ALFONSO
Soli noi siamo. Che chiedete?

268. Estamos solos. ¿Qué quieres?

LUCRECIA
Vi chiedo, o signore,
di quel giovane illesa vita.

269. Te pido, oh señor
Que perdones la vida a ese joven.

ALFONSO
Come? Dianzi cotanto rigore?
L'ira vostra è sì tosto sparita?

270. ¿Como? ¿Hace poco exigías rigor
y de pronto tu ira desapareció?

LUCRECIA
Fu capriccio.
A che giova ch'ei mora?
Giovini tanto! Perdono gli do!

271. Fue un capricho.
¿Qué caso tiene que muera?
¡Es tan joven! ¡Lo perdono!

ALFONSO
La mia fede vi diedi, o signora,
né a mia fede giammai fallirò.

272. Te di mi palabra, señora,
yo nunca me retracto.

LUCRECIA
Ma Duca...

273. Pero mi señor...

ALFONSO
Mai.

274. Nunca.

LUCRECIA
Ascoltate.

275. Escucha.

ALFONSO
Mai.

276. Nunca.

LUCRECIA
Don Alfonso favore ben lieve
a sovrana voi negate a consorte?

277. ¿Don Alfonso, éste pequeño favor
niegas a tu consorte?

ALFONSO
Chi v'offese irne
impune non deve.
Voi chiedeste,
io giurai la sua morte.

278. El que te ofendió
no pude quedar sin castigo.
Tú me pediste,
jurar por su muerte.

LUCRECIA
Perdoniamo. Siam clementi del paro.

279. Perdonemos, seamos clementes.

ALFONSO
No.

280. No.

LUCRECIA
La clemenza è regale virtù.

281. La clemencia es una virtud real.

ALFONSO
Lo giurai.

282. Lo juro.

LUCRECIA
Ah perdoniamo, perdoniamo del paro
Ah, la clemenza è regale virtù...

283. Ah, perdonémoslo
Ah! La clemencia es virtud real...

ALFONSO
No, mai!
Io giurai, no! Lo giurai no!
Giurai, cadrà, si cadrà, si.
No, non posso, no non posso.

284. ¡No, nunca!
¡Yo juré que no! ¡Juré que no!
Lo juré y morirá, si, morirá.
Nono puedo, no puedo.

LUCRECIA
E si avverso a Gennaro
che vi fé, caro Alfonso?

285. ¿Por qué estás en contra de Gennaro
que te hizo, querido Alfonso?

ALFONSO
Chi? Tu.

286. ¿Quien? Tu.

LUCRECIA
Io? Che dite?

287. ¿Yo? ¿Qué dices?

ALFONSO
Tu l'ami, si, tu l'ami.

288. Tú lo amas, si, tú lo amas.

LUCRECIA
(Ah! Giusto cielo!)

289. (Ah! ¡Justo cielo!)

ALFONSO
Si, tu l'ami, e il seguisti.

290. Si, tú lo amas y lo seguiste.

LUCRECIA
Io?

291. ¿Yo?

ALFONSO
Anche adesso nel volto
si legge l'empio Ardor che nutristi.

292. Aunque ahora en tu rostro
se revela el impío amor que tu sientes.

LUCRECIA
Don Alfonso!
T'acquera.

293. ¡Don Alfonso!
¡Cállate!

LUCRECIA
Vi giuro, ah, giuro.

294. Te juro, ah, juro.

ALFONSO
Non macchiarti di nuovo spergiuro.

295. No te manches con nuevo perjurio.

LUCRECIA
No.

296. No.

ALFONSO
Tu l'ami,
e in Venezia il seguisti.

297. Tú lo amas,
y en Venecia lo seguiste.

LUCRECIA
Don Alfonso!

298. ¡Don Alfonso!

ALFONSO
E omai tempo ch'io prenda
de miei torti vendetta tremenda
e tremenda da questo momento
sul tuo complice infame cadrà.

299. Ya es tiempo que yo me vengue
de todo lo que me has hecho,
Mi venganza caerá sin retardo
sobre tu cómplice infame.

LUCRECIA
Grazia, ah, grazia Alfonso pietà.

Se arrodilla
300. Piedad, Alfonso, piedad.

ALFONSO
L'indegno vò spento.

301. Quiero muerto al indigno.

LUCRECIA
Per pieta!

302. ¡Por piedad!

ALFONSO
Più non odo pietà, non odo pietà.

303. No tengo piedad. No tengo piedad.

LUCRECIA
Non odi pietà? No?

304. ¿No tienes piedad? ¿No?

ALFONSO
No.

305. No.

LUCRECIA
No?

306. ¿No?

Se levanta.

Oh! A te bada, a te stesso pon mente,
Don Alfonso, mio quarto marito!
Ornai troppo m'hai vista piangente
o mai troppo il mio core è ferito.
Al dolore sottentra la rabbia.
Ti potrai far la Borgia pentir.
Bada, bada, Alfonso, bada.
Ti potrai far la Borgia pentir.

¡Oh! ¡Cuídate, piensa en ti
Alfonso, mi cuarto marido!
Ya me has visto llorar bastante
mi corazón ya ha sido muy herido.
Al dolor, se la ha unido la rabia
La Borgia podría hacer que te arrepintieras.
Ten cuidado Alfonso
la Borgia podría hacer que te arrepintieras.

ALFONSO
Mi sei nota.
Né porre in oblio
chi sei tu, se il volessi, potrei.
Ma tu prensa che il Duca son io,
che in Ferrara,
e in mia mano tu sei....
Io ti lascio la scelta s'egli abbia
di veleno o di spada morir.
Scegli.

307. Te conozco bien.
Y aun cuando quisiera
no podaria olvidar quien eres tú,
pero piena tú que el Duque soy yo y
que tú estás en Ferrara
y que en mis manos estás...
Te dejo escoger cómo va el a morir,
si por el veneno o por la es padda.
Escoge.

LUCRECIA
O Dio!

308. ¡Oh Dios!

ALFONSO
Scegli!

309. ¡Escoge!

LUCRECIA
Dio possente!
Oh, a te bada, a te stesso pon
Don Alfonso, mio quarto marito...

310. ¡Dios poderoso!
Oh, cuídate, piensa en ti mente.
Don Alfonso mi cuarto marido...

ALFONSO
Mi sei nota, mi sei nota.
Ma tu pensa che il Duca son io.
Va. Ma qui deve morir.
Taci. Partir, vanne, vanne.
Qui deve morir, scegli, scegli
debba di veleno o di spada morir.

311. Te conozco bien.
Pero piensa que el Duque soy yo.
Vete. Pero él morirá.
Calla y vete, vete.
Aquí él debe morir, escoge, si él
muere por veneno o por espada.

ALFONSO
Trafitto tosto ei sia.

312. El morirá pronto por la espada.

LUCRECIA
Deh! T'arresta.

313. Espera.

ALFONSO
Ch'ei cada.

314. Que él muera.

LUCRECIA
Non commetter sì nero delitto!

315. ¡No cometas tan negro delito!

ALFONSO
Scegli, scegli.

316. Escoge, escoge.

LUCRECIA
Ah, non muoia di spada!

317. ¡Ah, que no muera por la espada!

ALFONSO
Sii, prudente, d'appresso ti son.
Nulla speme ti è dato nutrir.

318. Sé prudente. Estoy contigo.
No debes tener ninguna esperanza.

LUCRECIA
L'infelice al suo fato abbandono.
Uomo crudele! Mi sento morir.

ALFONSO
Della Duchessa ai pieghi
che il vostro fallo obblia
è forza pur ch'io pieghi e libertò vi dia.

LUCRECIA
(Oh! Com'ei finge!)

ALFONSO
E poi tanto è valore in voi
che d'Adria il mar privarne
e Italia insieme, non vò!

GENNARO
Quali so darne
grazie, signor, ven do.

LUCRECIA
(Perfido.)

GENNARO
Pur, poiché dirlo è dato
senza temer viltade,
in uomo che l'ha mertato,
il beneficio cade.

ALFONSO
Come?

GENNARO
Di vostra altezza il padre
cinto d'avverse squadre
peria, se scudo a aita
non gli era un venturier.

ALFONSO
E quel voi siete?

LUCRECIA
E vita voi gli serbaste?

GENNARO
E ver.

319. Abandono a su suerte al infeliz.
¡Hombre cruel! Me siento morir.

Ella cae en una silla. Alfonso hace una señal
y Gennaro es introducido entre guardias.

A Gennaro
320. Debo atender los ruegos de la Duquesa,
que olvide vuestro crimen
y te otorgue la libertad.

321. (¡Oh! ¡Cómo finge!)

322. ¡Y cómo eres un hombre valiente
no quiero privarte del Mar Adrià
tico ni de Italia!

323. Te doy las gracias
como yo sé darlas.

324. (Pérfido.)

325. Desde que puedo decirlo
sin temer ser tomado por cobarde,
la gracia cae sobre el hombre,
que la ha ameritado.

326. ¿Como?

327. El padre de vuestra alteza
fue rodeado por el enemigo
y hubiera muerto si no lo
hubiera ayudado un aventurero.

328. ¿Y tú eres ese hombre?

329. ¿Y tú le salvaste la vida?

330. Así es.

LUCRECIA
(Duca!)

ALFONSO
(L'indegna spera.)

LUCRECIA
(S'ei mutasse!)

ALFONSO
(E vano.)

Seguir la mia bandiera vorreste,
E Capitano?

GENNARO
Al Veneto Governo
nodo mi stringe eterno
E sacro è un giuro.

ALFONSO
Il so.

LUCRECIA
(Dio!)

ALFONSO
Il so.

Le ofrece a Gennaro una bolsa.

Quest'oro almeno, deh!

GENNARO
Assai da miei signori io n'ho.

ALFONSO
Al men siccome antico
stile è fra noi degl'avi
libare a nappo amico,
spero che a voi non gravi.

GENNARO
Sommo per me favore
questo sarà, signore.

ALFONSO
Gentil la mia consorte
coppiera a noi sarà.

LUCRECIA
(Stato peggior di morte.)

331. (¡Duque!)

332. (La indigna tiene esperanza.)

333. (¡Si él cambiase!)

334. (En vano.)
A Gennaro
¿Quieres seguir mi bandera,
Capitán?

335. Estoy unido al Gobierno
Veneciano en forma eterna
por un sagrado juramento.

Mirando a Lucrecia
336. Lo sé.

337. (¡Dios!)

338. Lo sé.

¡Al menos éste oro!

339. Tengo suficiente de mis señores.

340. Al menos desde que es una antigua
costumbre entre nosotros
tomar una copa de la amistad,
espero que no te moleste.

341. Para mi esto será
un favor señor.

342. Mi gentil consorte
será nuestra escanciadora.

343. (Algo peor que la muerte.)

ALFONSO
Meco, o Duchessa.

Olà!

Guai si ti sfugge un moto,
se ti tradisce un detto!
Uscir dal mio cospetto
vivo quest'uom non de.

LUCRECIA
Oh! Se sapessi a quale...

ALFONSO
Taci!

LUCRECIA
... Opra m'astringi atroce...

ALFONSO
Taci.

LUCRECIA
... Per quanto sii feroce,
ne avresti orror con me.
Oh! Se sapessi a quale...
Ah, per pietà! Ah, no per pietà!
Va. Non v'e mostro egual
colpa maggior non v'ha, no, no,
ne avresti orror con me...

GENNARO
Meco benigni tanto
mai non credea costoro.
Trovar perdono in loro
sogno pur sembra a me.
Madre! Esser dee soltanto
del tuo pregar mercé.

ALFONSO
Guai se ti sfugge un motto...
Versa il liquor, t'e noto.
Strano è il ribrezzo in te...
Uscir dal mio cospetto vivo non de.

Tomando la mano de Lucrecia
344. Ven conmigo, Duquesa.
A Rustighello
¡Hey!
A Lucrecia
¡Pobre de ti si dices algo
si te traiciona una palabra!
Este hombre no debe salir
vivo de aquí.

A Alfonso
345. Oh! Si supieras a cual...

346. ¡Calla!

347. ... Obra atroz me forzar...

348. Calla.

349. ... En lugar de tu crueldad,
deberías tener tanto horror como yo.
¡Oh! Si supieras...
¡Ah, por piedad, por piedad!
Vete. No hay monstruo como tú
no hay un crimen mayor que el tuyo,
deberías llenarte de horror...

350. ¡Nunca pensé que ellos
mostrarían tanta piedad por mí.
Me parece un sueño
tener el perdón de ellos.
Madre! Esto solo puede ser
debido a tus plegarias.

A Lucrecia
351. Pobre de ti si dices algo...
Sirve el licor que conoces.
Qué extraña repugnancia muestras
No debe salir vivo de aquí.

Rustighello trae los dos frascos de vino. Se sirve del frasco plateado

ALFONSO
Or via, mesciamo.

352. Vamos, bebamos.

GENNARO
Attonito per tanto onor son io.

353. Estoy atónito por tanto honor.

ALFONSO
A voi Duchessa.

354. Por ti Duquesa.

LUCRECIA
(Il barbaro!)

355. (¡Bárbaro!)

ALFONSO
Il vaso d'or.

A Lucrecia
356. El frasco de oro.

Sirve la copa con el vino dei frasco dorado.

LUCRECIA
(Gran Dio!)

357. (¡Gran Dios!)

ALFONSO
V'assista il ciel Gennaro.

Dando la copa a Gennaro.
358. Que el cielo te asista Gennaro.

GENNARO
Fausto vi sia del paro.

359. Y a ti también señor.

Ambos beben.

LUCRECIA
Vanne non ha natura
mostro peggior di te.

A Alfonso
360. La naturaleza no ha creado
peor monstruo que tú.

GENNARO
(Madre! E la mia ventura
del tuo pregar mercé.

361. ¡Madre! Es mi ventura
contar con tus rezos.

ALFONSO
Trema per te spergiura!
Vittima prima egli è.

A Lucrecia
362. ¡Tiembla por ti perjura!
Él es la primera víctima.

ALFONSO
Or, Duchessa, a vostr'agio potete
trattenerlo, oppur dargli commiato.

363. Ahora Duquesa, como quieras;
qué date aquí, o mándalo lejos.

Sale con Rustighello.

LUCRECIA
(Oh, qual raggio!)

364. (¡Oh! ¡Qué inspiración!)

GENNARO
Signora, accogliete i saluti
d'un cor non ingrato.

Arrodillado
365. Señora, acepta los saludos
de un corazón no ingrato.

LUCRECIA
Infelice!
Il veleno bevesti.

Susurrando
366. ¡Infeliz!
Bebiste el veneno.

GENNARO
Ah!

367. ¡Ah!

LUCRECIA
Non far motto, trafitto cadresti.

GENNARO
Come?

LUCRECIA
Prendi e parti.
Una goccia, una sola
di quel farmaco vita ti dà.
Lo nascondi, t'affretta, t'invola.
T'accompagni del ciel la pietà...

GENNARO
Che mai sento?

LUCRECIA
...t'accompagni del ciel la pietà...

GENNARO
Che mai sento?
E null'altro che morte
aspettarmi doveva in tua corte!
Un rio genio mi pose la benda,
m'inspirò si fatale sicurtà.

LUCRECIA
No, Gennaro, bevi, e parti.

GENNARO
Forse, forse una morte più orrenda
la tua destra, o malvagia, mi dà.

LUCRECIA
Deh! T'affretta.
Ah! T'accompagni del ciel la pietà

GENNARO
Forse una morte più orrenda
la tua destra, o malvagia mi dà.

LUCRECIA
In me fida.

GENNARO
In te?

LUCRECIA
Si, parti.
Morto in te vuole
il Duca un rivale.

368. No hables; pronto caerás.

369. ¿Como?

Le dá una ampolleta
370. Toma esto y parte.
Una gota, una sola
de éste fármaco te dará vida.
Escóndela, de prisa, vete.
Que la piedad de cielo te acompañe...

371. ¿Qué escucho?

372. ...que te acompañe la piedad del cielo...

373. ¿Qué escucho?
¡Ninguna otra cosa que la muerte
debí esperar en tu corte!
Un mal espíritu me puso la venda,
y me inspiró fatal seguridad.

374. No Gennaro, bebe y parte.

375. Quizás una muerte más horrenda
me das oh malvada con la diestra.

376. Date prisa.
Que la piedad el cielo te acompañe.

377. Quizás una muerte más horrenda.
Tu diestra, oh malvada me da.

378. Confía en mí.

379. ¿En ti?

380. Si, vete.
El Duque piensa que tú
eres su rival.

GENNARO

Cruda!
O cimento!

LUCRECIA

Ei ritorna a svenarti.
Bevi e fuggi.

GENNARO

O dubbiezza fatale!

LUCRECIA

Bevi e fuggi, t'en prego o Gennaro
per tua madre!
Per quant'hai più caro.
Bevi e parti, una goccia...

GENNARO

Che mai sento!
E null'altro che morte...

381. ¡Cruel mujer!
¡Esta es una prueba!

382. El volverá a apuñalarte.
Bebe y huye.

383. ¡Oh duda fatal!

384. ¡Bebe y huye, te lo ruego Gennaro
por tu madre!
Por lo que más quieras.
Bebe y parte, una gota...

385. ¡Pero qué dices!
Solo hablas de muerte...

*Lucrecia se arrodilla, y después de un momento de duda,
Gennaro bebe el antidoto.*

LUCRECIA

Tu sei salvo! Oh supremo contento!
Quindi involati, affrettati! Va!

GENNARO

Ti punisca,
s'è in te tradimento
chi più speri che t'abbia pietà.

386. ¡Te has salvado! ¡Qué gran dicha!
¡Ahora de prisa vuela! ¡Vete!

387. Si me has traicionado
serás castigada por él
ojalá y te tenga piedad.

*Lucrecia lo gula hacia afuera por una puerta secreta Alfonso y Rustighello entran por atras.
Lucrecia llora y cae colapsada en una silla.*

Acto Segundo

Escena 1.
La explanada frente a la casa de Gennaro.
Una ventana de la casa está iluminada, es de noche.
Rustighello y su banda de bandidos entran

RUSTIGHELLO Y BANDIDOS

Rischiarata è la finestra,	388.	La ventana está iluminada
in Ferrara egli è tuttora.		él aun está en Ferrara.
La fortuna al Duca è destra:		La fortuna favorece al Duque:
del rivale vendetta avrà.		se vengará de su rival.
Inoltriamo, propizia è l'ora.		Avancemos, la hora es propicia.
Buio è il cielo. Alcun non v'ha.		Está obscuro el cielo. Naide pasa.

Se acercan a la casa de Gennaro, escuchan un ruido y se detienen.

Ma, silenzio, un mormorio,	Silencio, un murmullo,
un bisbiglio s'è levato,	un susurro se escucha,
e di gente calpestio	y el sonido de gente caminando
più distinto udir si fa	se hace escuchar
Là in disparte, là in agguato	Por allá, en un lado,
chi è s'esplori, e dove vá.	veamos quien es y a donde va.

Ellos se esconden al ver a Orsini que llega
y llama a la puerta de Gennaro que abre y sale.

GENNARO

Sei tu?	389.	¿Eres tú?

ORSINI

Son io. Venir non vuoi, Gennaro	390.	Soy yo. ¿Quieres venir
dalla Negroni?		a la casa de la Princesa Negroni?
Ogni piacer m'è scemo		Todos los placeres se hechas a
se no'l dividi tu.		perder si tú no los compartes.

GENNARO

Grave cagione a te mi toglie.	391.	Una causa grave me aparta de ti parto.
Per Venezia io parto fra pochi istanti.		Para Venecia dentro de pocos instantes.

ORSINI

E me qui lasci?
E uniti fino alla morte
non giurammano entrambi
esser in ogni evento?

GENNARO

E ver!

ORSINI

Mi tieni così tua fede,
com'io la tengo?

GENNARO

E tu vien meco.

ORSINI

All'alba attendi, e vengo
Al geniale invito
mancar non posso.

GENNARO

Oh! Questa tua Negroni
m'è di sinistro auspicio.

ORSINI

E a me piuttosto
il tuo partir così notturno e solo,
così pensoso e mesto.
Resta, resta Gennaro.

GENNARO

Odi, e se il chiedi
io resto.
Minacciata è la mia vita.
Alla morte io son qui presso.

ORSINI

Chi t'insidia?
A me lo addita.
Chi è costui?

392. ¿Y me dejas aquí?
¿No juramos
estar unidos hasta en la muerte
en todos los eventos?

393. ¡Es verdad!

394. ¿Me tienes tanta fe
como yo te la tengo?

395. Ven conmigo.

396. Espera hasta el alba e iré.
No puedo rehusarme
a acudir ante tal invitación.

397. Oh! Esa tu Negroni
es un siniestro auspicio para mí.

398. Y para mí también lo es el que
partas por la noche solo,
triste y pensativo.
Quédate, quédate Gennaro.

399. Escúchame, si insistes
me quedo.
Mi vida está amenazada.
Aquí estoy cerca de la muerte.

400. ¿Quién te amenaza?
Muéstramelo.
¿Quién es él?

Rustighello y sus bandidos aparecen en las sombras

GENNARO

Parla sommesso.

BANDIDOS

Ci par tempo?

401. Habla bajo.

402. ¿Ya es tiempo?

RUSTIGHELLO
No, aspetti.
L'importuno partirà.

ORSINI
Ah!

GENNARO
Taci.

ORSINI
Ah!

GENNARO
Taci, taci, incauto!

ORSINI
Né d'inganni tu sospetti?
Quale in te credulità!

GENNARO
Taci, incauto!

ORSINI
Ah! Gennaro quale in te credulità!

GENNARO
Taci, taci.

ORSINI
Non sospetti?

GENNARO
Incauto!

ORSINI
Sconsigliato! Quale in te credulità.
Non sai tu di donna l'arti?
Onde a lei ti mostri grato
ella ha finto di salvarti.
Di veleni che ragioni?
Dove fondi il tuo tumor?
Gentil donna è la Negroni,
uom è il Duca d'alto cor.

GENNARO
Tu conosci appieno tu sai
se codardo io fui giammai,
se un istante in faccia a morte
mai fu scemo il mio valor.
Pure adesso in questa corte
m'è di guai presago il cor.

403. No, esperen.
El importuno partirá.

404. ¡Ah!

405. Calla.

406. ¡Ah!

407. ¡Calla, calla, ten cuidado!

Riendo
408. ¿Sospechas de una traición?
¡Cómo eres crédulo!

409. ¡Calla, ten cuidado!

410. ¡Gennaro, cómo eres crédulo!

411. Calla, calla.

412. ¿Aun sospechas?

413. ¡Ten cuidado!

414. ¡Tonto! Cómo eres crédulo.
¿Conoces las artes de las mujeres?
Si a ella te muestras grato
ella ha pretendido salvarte.
¿Qué dice de los venenos?
¿En qué fundas tu temor?
Gentil dama es la Negroni,
El Duque es hombre de gran corazón.

415. Tú me conoces plenamente y sabes
si alguna vez fui cobarde
si en algún instante frente a la muerte
fue tonto mi valor.
Ahora, en ésta corte,
malos presagios tiene mi corazón.

ORSINI
Gentil dama è la Negroni
uomo è il Duca d'alto cor.

ORSINI
Va, se vuoi.
Tentar m'è caro,
afferrar la mia ventura.

GENNARO
Addio Orsini.

ORSINI
Addio Gennaro.

GENNARO
Veglia a te.

ORSINI
Ti rassicura.

Ello se abrasa y se separano, luego se detienen y regresan a juntarse.

GENNARO
Ah! Non posso abbandonarti!

ORSINI
Ah! Non io lasciar ti vò!

GENNARO
No, no.

ORSINI
No, no.

GENNARO
Al festini vò seguitarti.

ORSINI
Teco all'alba partirò.

ORSINI Y GENNARO
Sia qual vuolsi
il tuo destino,
esso è mio, lo giuro ancora.

ORSINI
Mio Gennaro.

GENNARO
Caro Orsino!

416. Gentil dama es la Negroni
el duque es hombre de gran corazón.

417. Vete si quieres.
Me gustaría intentar,
afianzar mi suerte.

418. Adiós Orsini.

419. Adiós Gennaro.

420. Cuídate.

421. Seguro que sí.

422. ¡No puedo abandonarte!

423. ¡No te quiero dejar!

424. No, no.

425. No, no.

426. Quiero seguirte a la fiesta.

427. Contigo, partiré al alba.

428. Sea cual sea
tu destino,
también es mío, lo juro otra vez.

429. Mi Gennaro.

430. ¡Querido Orsini!

ORSINI Y GENNARO
Teco sempre,
o viva o mora.
Qual due fiore a un solo stelo
qual due fronde a un ramo sol.

ORSINI
Noi vedremo sereno il cielo.

GENNARO
O saremo curvati al suol.

ORSINI
Ah! Mio Gennaro... etc.

GENNARO
Caro Orsino... etc.

431. Siempre contigo,
viva o muera.
Como dos flores en el mismo tallo
como dos hojas en la misma rama.

432. Nosotros veremos sereno el cielo.

433. O estaremos doblados sobre el suelo.

434. ¡Ah! Mi Gennaro... etc.

435. Querido Orsino... etc.

Ellos se van. Los bandidos corren hacia ellos,
Rustighello los detiene.

RUSTIGHELLO
No'l seguite.

BANDIDOS
A noi s'invola.

RUSTIGHELLO
Noi seguite,
Stolti! Ei corri alla Negroni.

BANDIDOS
Basta allora, basta allora

RUSTIGHELLO
Stolti! Al laccio le corre.

BANDIDOS
Non v'ha dubbio;
al ver t'apponi.

RUSTIGHELLO Y BANDIDOS
E tenace, è certo l'amo,
che gettato al cieco è là.
Ir si lasci; ritorniamo.
Di ferir mestier non fa
è tenace è certo l'amo...

436. No los sigan.

437. Escapan de nosotros.

438. No los sigan,
Ellos van a lo de Negroni.

439. Basta, basta.

440. ¡Tontos! El corre hacia la trampa.

441. No hay duda;
esa es la verdad.

442. Seguro y fuerte es el anzuelo
y él ciego en él caerá.
Déjenlo ir, nosotros retornaremos
No tiene caso herirlo ahora,
seguro y fuerte es el anzuelo.

Salen.

Escena 2.
Un banquete en el Palacio Negroni.
En la rica mesa, la Princesa Negroni, con varias elegantes damas;
también Orsini, Liverotto, Gazella Vitellozzo, y Petrucci,
cada uno con una dama a su lado.
Gubetta y Gennaro, en lados opuestos de la mesa.

LIVEROTTO
Viva il Madera, viva, viva!

443. ¡Viva el Madeira, viva, viva!

VITELLOZZO
Evviva il Reno
che scalda e avviva!

444. ¡Y viva el de Rhin
que calienta y aviva!

GAZELLA
Deh vini il Cipro è re.

445. De los vinos, el Cipriano es el rey.

PETRUCCI
I vini per mia fé
son tutti buoni,

446. Los vinos a mi ver
son todos buenos.

LIVEROTTO
Viva il Madera!

447. ¡Viva el Madeira!

PETRUCCI Y GAZELLA
Viva!

448. ¡Viva!

VITELLOZZO
Viva il Reno!

449. ¡Viva el del Rhin!

LIVEROTTO, GAZELLA, PETRUCCI, VITELLOZZO
Viva, viva!

450.
¡Viva, viva!

GAZELLA
Il Cipro!

451. ¡El Cipriano!

TODOS
Tutti son buoni, viva, viva!

452. ¡Todos son buenos, viva, viva!

ORSINI
Io stimo quel che brilla,
siccome la scintilla,
che desta il Dio d'Amor.
Nell'occhio seduttor
della Negroni.

453. Yo estimo aquel que brilla,
como la flama,
y despierta al dios del amor.
En el ojo seductor
de la Negroni.

LIVEROTTO Y VITELLOZZO
Viva la Negroni!

454. ¡Viva la Negroni!

ORSINI, PETRUCCI, GAZELLA
Viva!

LIVEROTTO Y VITELLOZZO
Viva il Madera!

TODOS
Viva!

TODOS
Ben detto. A lei si tocchi!
Si beva a suoi begli occhi!
Amore la formò, si,
Ciprigna in lei versò
tutti i suoi doni.
Si tocchi, si tocchi!
Viva, viva, la Negroni! viva!

GUBETTA
(Ebbri son già;
convien tentar che restino soli).

GENNARO
(Nogato io sono.)

ORSINI
Ebbene?
Gennaro a noi t'involi?
Odi il novello brindisi
da me composto un giorno.

GUBETTA
Ah, ah!

ORSINI
Chi ride?

GUBETTA
Ridono quanti ci sono intorno.

ORSINI
Come?

GUBETTA
Ah, ah, ah! L'esimio lirico!

ORSINI
M'insulteresti tu?

455. ¡Viva!

456. ¡Viva el Madeira!

457. ¡Viva!

458. ¡Bien dicho! ¡Un brindis por ella!
¡Brindemos por sus bellos ojos!
El amor la formó, si,
Venus en ella vertió
todos sus dones.
¡Si brindemos, brindemos!
¡Viva la Negroni, viva!

Chocan sus copas y beben.

Se levanta
459. (Ya estoy ebrio,
intentaré dejarlos solos.)

Se retira
460. (Estoy aburrido.)

461. ¿Y bien?
¿Gennaro, nos dejas?
Oye el brindis nuevo
que un día compuse.

462. ¡Ja, ja!

463. ¿Quién ríe?

464. Todos aquí ríen.

465. ¿Como?

466. ¡Ja, ja, ja! ¡El eximio poeta!

467. ¿Me insultas?

GUBETTA
S'egli è insultarla il ridere,
far no'l potrei di più, ah, ah.

ORSINI
M'insulti?
Marrano de Castiglia!

GUBETTA
Scheran trasteverino!

Orsini toma un cuchillo.

DAMAS
Cielo! Costor si battono!

**LIVEROTTO, VITELLOZZO,
PETRUCCI, GAZELLA**
Che fai?
T'acqueta Orsino.

DAMAS
Fuggiamo, fuggiamo di qua.

Las damas salen.

ORSINI
Marrano!

GUBETTA
Trasteverino!

LOS OTROS
T'acqueta.

ORSINI, GUBETTA
Io ti darò balordo
un tal di me ricordo
che temperante e sobrio
per sempre ti farà.

LOS OTROS
Finitela, cospetto!
All'ospite rispetto,
olà, olà!
O tutta quanta accorrere...

LOS OTROS
E ver.

468. Si el reír es insulto,
no te podría insultar más, ja, ja.

Se levanta
469. ¿Me insultas?
¡Marrano de Castilla!

470. ¡Romano ladrón!

471. ¡Cielos! ¡Ellos se pelean!

Detienen a Orsini.
472.
¿Qué es lo que hacen?
Cálmate Orsini.

473. Huyamos de aquí.

474. ¡Marrano!

475. ¡Ladrón romano!

476. Cálmate.

477. Te daré idiota
un gran recuerdo de mí
que para siempre
te mantendrá sobrio.

478. ¡Ya terminen, caramba!
¡Más respeto para la anfitriona,
hey, hey!
O toda la ciudad...

479. Es verdad.

GENNARO
Ma delle nostre spade
che fermo noi?

480. ¿Qué hicimos con
nuestras espadas?

ORSINI
Le abbiam deposti fuori...

481. Las dejamos afuera...

**GENNARO, PETRUCCI,
GAZELLA, GUBETTA**
No ci ripensi più.

482.
Ya no piensen en peleas.

GUBETTA
Beviamo, signori.

483. Bebamos, caballeros.

GAZELLA
Ma intanto sbigottite
ci han lasciate le dame.

484. En tanto, horrorizadas se han
marchado las damas.

GUBETTA
Torneranno, ed umilmente
chiederemo scusa.

485. Regresarán, y humildemente
les pediremos excusas.

SIRVIENTE
Vin di Siracusa.

Pasa una botella
486. Vino de Siracusa.

TODOS
Ottimo per mia fé!

487. ¡En verdad espléndido!

*Todos beben, excepto Gubetta,
que arroja el vino sobre su hombro.*

GENNARO
Maffio, vedesti?
Lo spagnolo non beve.

A Orsini
488. ¡Maffio, viste eso?
El español no bebe.

ORSINI
Che importa? E naturale
ebbro esser deve.

489. ¿Y qué importa? Es natural
debe de estar ebrio.

GUBETTA
Or, se gli piace, amici
può schiccherar Orsini
versi a sua posta,
perché poeta ognun furiatala vino.

490. Ahora si les place, amigos,
Orsini puede hacer versos
a voluntad, ya que éste vino
hace un poeta de cualquiera.

ORSINI
Si, a tuo dispetto.

491. Si, a pesar tuyo.

LOS OTROS
Una ballata, Orsino.

492. Una balada, Orsini.

ORSINI

Il segreto per esser felice
so per prova, e l'insegno agli amici.
Sia sereno, sia nubilo il cielo,
ogni tempo, sia caldo, sia gelo,
scherzo e bevo, e derido gl'insani
che si dàn del futuro pensier, ah.
Non curiamo l'incerto domani
se quest'oggi n'è dato goder.

LOS OTROS

Si, non curiamo l'incerto domani
se quest'oggi n'è dato goder.
N'è dato goder.

ORSINI

Se quest'oggi n'è dato goder...

493. El secreto para ser feliz, lo aprendí
en la vida y se lo enseño a mis amigos.
Si el cielo está séreno o nublano,
en todo tiempo, sea calido sea helado,
bromeo y bebo y me rio de los tontos
que se preocupan por el futuro.
No nos apuremos por el incierto
mañana si éste hoy, nos es dado gozar.

494. No nos apuremos por el mañana
si este hoy nos es dado gozar.
Nos es dado gozar...

495. Si en este hoy nos es dado gozar...

Se escucha un canto lúgubre a la distancia.

VOCES

La gioia de profani
è un fumo passaggiere.

GENNARO

Quai voci!

ORSINI

Alcun si prende gioco di noi.

TODOS

Chi mai sarà?

ORSINI

Scommetto che delle dame
una malizia è questa.

LOS OTROS

Un'altra strofa Orsino.

ORSINI

La strofa è presta.
Profittiamo degl'anni fiorenti
il piacer li fa correr più lenti.
Se vecchiezza con livida faccia
stammi a tergo, e mia vita minaccia,
scherzo e bevo, e derido gl'insana,
che si dan del futuro pensier.
Non curiamo l'incerto domani
se quest'oggi n'è dato goder.

496. La alegría de los profanos
es un humo pasajero.

497. ¡Esas voces!

498. Alguien se burla de nosotros.

499. ¿Quién podrá ser?

500. Apuesto a ésta es
una broma de las damas.

501. Otro verso, Orsini.

502. El verso está listo.
Disfrutemos los años juveniles
el placer los hace correr muy lentos.
Si la vejez con lívida faz,
está cercana y amenaza mi vida,
bromeo y juego y me rio de los tontos
que se preocupan el futuro.
No nos apura el incierto mañana
si en éste hoy nos es dado gozar.

LOS OTROS
Si, non curiamo l'incerto domani,
se quest'oggi n'è dato goder.

503. No nos apure el incierto mañana,
si en este hoy, nos es dado gozar.

ORSINI
Se quest'oggi
n'è dato goder.

504. Si en este hoy,
nos es dado gozar.

VOCES
La gioia de profani
è un fumo passaggiere.

505. La alegría de los profanos
es un humo pasajero.

Una por una las luces se apagan.

ORSINI
Gennaro!

506. ¡Gennaro!

GENNARO
Maffio!
Vedi?
Si spengono le faci.

507. ¡Maffio!
¿Puedes ver?
Se apagaron las antorchas.

ORSINI
A farsi grave incomincia
lo scherzo.

508. La broma comienza
a tornarse grave.

TODOS
Usciamo.
Son chiuse tutte le porte!
Ove siam noi venite?

509. Salgamos.
¡Están cerradas todas las puertas!
¿Adónde hemos venido?

*La puerta del fondo se abre
y entra Lucrecia Borgia con guardias armados.*

LUCRECIA
Presso Lucrecia Borgia.

510. A la casa de Lucrecia Borgia.

TODOS
Ah! Siam perduti!

511. ¡Ah! ¡Estamos perdidos!

LUCRECIA
Si, son la Borgia.
Un ballo, un tristo bailo
voi mi deste in Venezia
io rendo a voi
una cena in Ferrara.

512. Sí, soy la Borgia.
Un baile, un triste baile
me dieron ustedes en Venecia
ahora ofrezco a ustedes
una cena en Ferrara.

TODOS
Oh, noi traditi!

513. ¡Nos han traicionado!

LUCRECIA
Voi salvi ed impuniti
credeste invano.
Dell'ingiuria mia piena vendetta ho già;
cinque son pronti strati
funebri per coprirvi estinti,
poiché il veleno a voi temprato è presto.

514. En vano se creyeron
salvados e impunes.
Ya tengo la plena venganza de la infuria;
hay cinco tumbas listas
para cubrirlos cuando mueran,
porque el veneno que tomaron los matará.

GENNARO
Non basta cinque;
avvio mestiere del sesto.

Se adelanta.
515. No bastan cinco tumbas;
tienes que hacer la sexta.

LUCRECIA
Gennaro! O ciel!

516. ¡Gennaro! ¡Cielos!

GENNARO
Perire io saprò cogli amici.

517. Sabré perecer con mis amigos.

LUCRECIA
Ite, chiudete tutte le sbarre,
e per rumore che ascolti,
nessuno in questa sala entrar s'attenti!

A los guardias.
518. ¡Vayan a cerrar todas las rejas
no importa que escuchen,
no intenten entrar en ésta sala!

ORSINI Y LOS OTROS
Gennaro!

519. ¡Gennaro!

GENNARO
Amici, amici!

520. ¡Amigos, amigos!

LUCRECIA
Uscite!

A los amigos de Gennaro.
521. ¡Salgan!

TODOS
Oh, noi dolenti!

522. ¡Qué agonía!

Los amigos de Gennaro son llevados afuera por los guardias.
Solo Lucrecia y Gennaro permanecen en la sala.

LUCRECIA
Tu pur qui? No sei fuggito?
Qual ti tenne avverso fato?

523. ¿Tú también aquí? ¿No huiste?
¿Cuál hecho adverso te tiene aquí?

GENNARO
Tutto, tutto, ho presentito

524. Todo, todo, lo he presentido.

LUCRECIA
Sei di nuovo avvelenato.

525. Has sido de nuevo envenenado.

GENNARO
Ne ho il rimedio.

526. Tengo el antídoto.

Muestra la ampolleta.

LUCRECIA
Ah! Me'l rammento, ah,
grazia al ciel ne do.

527. ¡Ah! Lo recuerdo, ah,
le doy gracias al cielo.

GENNARO
Cogli amici io saro spento
o con lor io partirò.

528. Moriré con mis amigos
o con ellos partiré.

LUCRECIA
Ah! Per te fia poco ancora.
Ah! Non basta per gli amici.

Inspecciona la ampolleta.
529. Queda un poco para ti.
No basta para los amigos.

GENNARO
Non basta?

530. ¿No basta?

LUCRECIA
No.

531. No.

GENNARO
Allor, signora, morremo tutti.

532. Entonces, señora, moriremos todos.

LUCRECIA
Oh ciel, che ascolto?

533. ¿Cielos, que escucho?

GENNARO
Voi primiera de mia mano
preparatevi a morir.

534. Pero tu primero prepárate
a morir por mi mano.

LUCRECIA
Io, Gennaro?

535. ¿Yo, Gennaro?

GENNARO
Si.

536. Si.

LUCRECIA
Ascolta, insano!

537. ¡Escucha, loco!

GENNARO
Fermo io sono.

538. Estoy firme.

Toma un cuchillo de la mesa.

LUCRECIA
(Che far? Che dir?)

539. (¿Qué hago? ¿Qué digo?)

GENNARO
Preparatevi.

540. Prepárate.

LUCRECIA
Spietato!
Me ferir? Svenar potresti?

541. ¡Eres despiadado!
¿Me vas a herir? ¿Podrás matarme?

GENNARO
Si, lo poss'io, son disperato.
Tutto, tutto mi togliesti.
Non più indugi.

LUCRECIA
Ah! Ferma, ferma.

GENNARO
Preparati.

LUCRECIA
Gennaro!

GENNARO
Preparati!

LUCRECIA
Ferma, ah, un Borgia sei.

GENNARO
Io?

LUCRECIA
Fur tuoi padre i padri miei.
Ti risparmia un fallo orrendo,
il tuo sangue non versar.

GENNARO
Son un Borgia?
O ciel, che intendo!

LUCRECIA
Ah, di più non domandar.
M'odi, ah, m'odi, io non t'imploro
per voler serbarmi in vita!
Mille volte al giorno io moro,
mille volte in cor ferita.
Per te prego, ah, teco almeno,
ah, non volere incrudelir.
Bevi, bevi il rio veleno, ah,
deh, t'affretta a prevenir.

GENNARO
Sono un Borgia!

LUCRECIA
Il tempo vola. Deh, cedi, ah,
deh, t'affretta il veleno a prevenir.

GENNARO
Giusto cielo!

542. Si puedo, estoy desesperado.
Tomaste todo de mí.
No más demora.

543. Ah, detente, detente.

544. Prepárate.

545. ¡Gennaro!

546. ¡Prepárate!

547. Detente, ah, eres un Borgia.

548. ¿Yo?

549. Tus ancestros son los míos.
Vas a cometer una falta horrible
no derrames tu sangre.

550. ¿Soy un Borgia?
¡Cielos, qué es esto!

551. Ah, ya no pidas más.
¡Me oyes, me oyes, to no te imploro
para conservar mi vida!
Muero mil veces al día,
mil veces herida en el corazón.
Por ti ruego, contigo al menos
no quiero ser cruel.
Bebe, bebe, el antídoto y neutraliza
al malvado veneno.

552. ¡Soy un Borgia!

553. El tiempo vuela, vamos, cede,
Apresúrate a anular el veneno.

554. ¡Justo cielo!

LUCRECIA
Il tempo vola, deh, cedi, ah,
deh, t'affretta il veleno a prevenir.
Si Gennaro, bevi, cedi, ah,
t'affretta il veleno a prevenir.

GENNARO
Maffio muore.

LUCRECIA
Cedi, per tua madre!

GENNARO
Va;
tu sola sei cagioni del suo dolore.

LUCRECIA
No, no Gennaro.

GENNARO
L'opprimesti,

LUCRECIA
Nol pensare.

GENNARO
Di lei, che festi?

LUCRECIA
Vive, ah vive, e a te favella
col mio duol, col mio terror.

GENNARO
Ciel! Tu forse?

LUCRECIA
Ah! Si, son quella.

GENNARO
Tu! Gran Dio! Mi manca il cor.

Él se hunde en una silla.

LUCRECIA
Figlio, figlio! Olà! Qualcuno!
Accorrete! Aita, aita!
Niun m'ascolta, è lunghe ognuno.
Dio pietoso, il serba in vita.

GENNARO
Cessa, e tardi
Io manco io gelo.

555. El tiempo vuela, vamos, cede,
apresúrate a anular el veneno.
Gennaro, bebe, cede, ah,
apresúrate a anular el veneno.

556. Maffio se muere.

557. ¡Cede, por tu madre!

558. Vete;
tu sola eres la causa de su dolor.

559. No, no Gennaro.

560. La oprimiste.

561. No pienses eso.

562. ¿Qué hiciste de ella?

563. Vive, ah, vive y te habla a ti
con mi dolor y con mi terror.

564. ¡Cielos! ¿Quizás tú?

565. ¡Ah! Sí, soy aquella.

566. ¡Tu! ¡Gran Dios! ¡Me falla el corazón!

567. ¡Hijo, hijo! ¡Alguien! ¡Aquí!
¡Vengan rápido! ¡Ayuda, ayuda!
Nadie me escucha, todos están lejos.
Dios piadoso mantenlo vivo.

568. Para, es tarde.
Me muero, estoy frio.

LUCRECIA
Me infelice!

569. ¡Pobre de mí!

GENNARO
Ho agl'occhi un velo.

570. Tengo un velo en los ojos.

LUCRECIA
Mio Gennaro, un solo accento.

571. Gennaro mío, una sola palabra.

GENNARO
Madre! Io moro.
Ah, io moro.

572. ¡Madre! Yo muero.
Ah, yo muero.

LUCRECIA
E spento, è spento.
Figlio! E spento! Ah, figlio!

573. Está muerto, está muerto.
¡Hijo! ¡Está muerto! ¡Ah, hijo!

Se abren las puertas,
entra Alfonso con Rustighello seguidos
por guardias y algunas damas.

ALFONSO Y GUARDIAS
Ah!

574. ¡Ah!

LUCRECIA
Era desso il figlio mio,
la mia speme, il mio conforto
Ei potea placarmi Iddio,
me parea far pura ancor.
Ogni luce in lui m'e spenta,
il mio core con esso è morto.
Sul mio capo il cielo avventa
il suo strale punitor.

575. Él era mi hijo,
mi esperanza, mi consuelo.
Él hubiera aplacado a Dios para,
mi, él me hubiera hecho pura otra vez.
Ya no tengo la, luz de él,
mi corazón ha muerto con él.
Sobre mi cabeza el cielo lanza
las flechas del castigo.

GUARDIAS Y DAMAS
Rio mistero! Orribile caso! Ah!

576. ¡Maligno misterio! ¡Horrible caso!

LUCRECIA
Ah! Era desso il figlio mio... etc.
Sul mio capo avventa
il suo strale punitor... etc.

577. ¡Ah! Él era mi hijo... etc.
Sobre mi cabeza lanza
las flechas de castigo... etc.

GUARDIAS Y DAMAS
Si soccorra, ella muor...

578. Socórranla, ella muere...

Lucrecia cae en los brazos de una de las damas.

FIN

Biografía de Gaetano Donizetti

Domenico Gaetano Maria Donizetti nació en Bérgamo Italia el 29 de Noviembre de 1797, en su familia no había músicos pero en 1806 ingresó a la escuela gratuita Lezioni Caritatevoli de Bérgamo en donde formaban coristas e instrumentistas dedicados a la música sacra. Ahí, aprendió fuga y contrapunto y este fue el momento en que inició su carrera operística.

Inicialmente escribió tres óperas que no tuvieron ningún impacto favorable, pero su cuarta ópera llamada Zoraida di Granata impresionó mucho a Domenico Barbaia que era administrador de teatros quien le ofreció un contrato para componer en la Ciudad de Nápoles.

Junto a Bellini y Rossini formó la triada de compositores italianos que dominaron el escenario operístico, hasta la llegada de Verdi. En 1818 compuso su ópera *Enrico di Borbogna* que fue todo un éxito. *Anna Bolena*, *L'Elisir d'Amore*, *Maria Stuarda*, *Lucia de Lammermoor* triunfaron entre 1830 y 1835.

En 1830 *Anna Bolena* fue premiada en Milán y dos años después triunfó *L'Elisir d'Amore* y luego su *Lucia de Lammermoor* que llegó a ser su ópera mas famosa. Un gran éxito fué el estreno en Paris de *La Fille du Régiment* en 1840 y otro mas en 1843 con *Don Pasquale*.

Virginia Vasselli fue la esposa de Donizetti, con ella procreó tres hijos que fallecieron durante la infancia, poco después murió ella afectada por el cólera.

Durante los últimos años de su vida, Donizetti mostró síntomas de deterioro mental debido a la sífilis que padecía, fue atendido primero en Paris y después en Bérgamo en donde falleció el 8 de Abril de 1848. Fue sepultado en la Basílica de Santa Maria la Mayor en Bérgamo.

De las 75 óperas que compuso, las más conocidas son:

L'Élisir d'Amore	Lucrezia Borgia	Lucia di Lammermoor
Belisario	La Fille du Régiment	La Favorita
Don Pasquale	Poliuto	La Zingara
Maria Stuarda	Linda de Chamonix	Roberto Deveraux
	Pigmalione	

8

Acerca de Estas Traducciones

El Dr. Eduardo Enrique Prado Alcalá nació en 1937 en el norte de México, estudió la carrera de medicina y se especializó en cáncer ginecológico y cáncer de mama. Ejerció su carrera durante 40 años y finalmente llegó a la edad del retiro.

Desde la edad de 42 años, se hizo aficionado a la ópera y a la música clásica y formó parte de un grupo de amigos aficionados a estas disciplinas. Tuvo la oportunidad de asistir a funciones operísticas en la Ciudad de México, en Guadalajara México, en Toluca México, en Mazatlán México, en Seattle, en Madrid y en Londres. Organizó en la Ciudad de Mazatlán tres conciertos de música clásica, uno de ellos en la catedral.

Después de retirarse de la medicina, se dedicó a traducir al español óperas de Verdi, Puccini, Mozart, Donizetti, Bizet, Leoncavallo, Mascagni, y Rossini, sumando un total de 31.

Jugum Press y Ópera en Español

Prensa publica estas traducciones de ópera por Dr. E.Enrique Prado:

Vincenzo Bellini:
Norma

Georges Bizet:
Carmen

Gaetano Donizetti:
Anna Bolena, Don Pasquale, Lucia di Lammermoor, Lucrezia Borgia

Ruggero Leoncavallo:
I Pagliacci

Pietro Mascagni:
Cavalleria Rusticana

Wolfgang Amadeus Mozart:
Die Zauberflöte, Don Giovanni, Le Nozze di Figaro

Giacomo Puccini:
La Boheme, La Fanciulla del West, Madama Butterfly, Manon Lescaut, Tosca
El Tríptico: Gianni Schicchi, Suor Angelica, Il Tabarro

Giacchino Rossini:
Il Barbiere Di Siviglia, La Cenerentola

Giuseppe Verdi:
Aida, Un Ballo in Maschera, Don Carlo, Ernani, Falstaff, La Forza del Destino, I Lombardi, Macbeth, Nabucco, Otello, Rigoletto, Simon Boccanegra, La Traviata, Il Trovatore

Para información y disponibilidad, por favor vea
www.operaenespanol.com
Correo: JugumPress@outlook.com
Síganos en Twitter: @jugumpress
Regístrate para nuestras noticias: http://eepurl.com/5m7tj

www.ingramcontent.com/pod-product-compliance
Lightning Source LLC
Chambersburg PA
CBHW081301040426
42452CB00014B/2597